AF240889

Je ne veux plus aller à l'école

Thierry Delcourt

Je ne veux plus aller à l'école
Entre refus, phobie et décrochage : Comprendre pour mieux aider son enfant

Max Milo

Max Milo Editions
Collection Essais-Documents, Paris, 2023
www.maxmilo.com
ISBN : 978-2-31501-061-5

Sommaire

Pourquoi tu ne veux pas aller à l'école ?

Je veux plus, je peux plus : jusqu'où ira ce phénomène en expansion, comme nous allons le voir ? Pourquoi un enfant ne veut plus ou ne parvient plus à aller à l'école ? La question est souvent difficile à saisir et à démêler. Par peur, anxiété, angoisse, phobie, intimidation, à la suite de violences, de racket ou de harcèlement : ces motifs restent les plus fréquents, isolés ou souvent associés entre eux. Mais actuellement on constate un accroissement des motifs de refus plus flous et discutables : par opposition, par révolte, par un absentéisme qui tend vers un décrochage complet, par démission de confort et de paresse, par opportunisme profitant du relâchement de l'application des règles dans certains établissements scolaires, par la contagion entre copains qui préfèrent s'égailler ailleurs, ainsi que par rupture de lien, liée par exemple à un vécu d'échec ou une défaillance familiale. On constate aussi, comme dans le monde du travail, une forme plus sournoise de décrochage, le présentéisme (il est là sans être là) par désintérêt, par paresse, sans ou sous effet de substances illicites.

Les statistiques publiées par la DEPP, Direction de l'évaluation, de la prospective et de la performance, nous livrent très peu de données émanant de l'Éducation nationale au sujet de l'absentéisme et du décrochage scolaire. On n'y trouve pas d'analyse spécifique ni de chiffrage précis sur les blocages et les refus scolaires. Toutefois, en recoupant ces données avec celles du CNED, Centre national d'enseignement à distance, on se fait une petite idée de ce phénomène qui nous intéresse. Année 2021, le CNED a traité deux cent cinquante mille dossiers qui correspondent aussi à d'autres motifs, notamment médicaux, mais la nette augmentation de son activité correspond surtout à la déscolarisation au motif de phobie scolaire qui permet de bénéficier gratuitement de ses services. On peut y ajouter l'augmentation des mesures d'aménagement proposées par l'Éducation nationale dans le cadre de l'Apadhe, accompagnement pédagogique à domicile, à l'hôpital ou à l'école, remplaçant le Sapad, service d'assistance pédagogique à domicile. La coopération entre enseignants, direction d'établissement et médecins de l'Éducation nationale permet de mettre en place une adaptation qui s'ajuste aux besoins de l'élève en difficulté. À cela s'ajoutent les propositions inventives de certains établissements pour s'adapter au plus près au blocage de l'élève. Hors du cadre scolaire, on constate aussi une augmentation sensible de l'IEF, instruction en famille, raison pour laquelle les contrôles des préfets et de l'Éducation nationale sont accrus. Ajoutons-y une nébuleuse de situations nouvelles, inédites et de plus en plus fréquentes. Dans ce cas, l'attente d'accompagnement scolaire et de soin oblige à des bricolages à la maison et souvent à une absence ou une limitation de la scolarité car l'enfant est en souffrance, perturbe la classe et de ce fait se trouve stigmatisé et expulsé d'un système qui se voudrait inclusif sans être capable de l'être.

Tous les professionnels de l'éducation et du soin que j'ai interviewés constatent aussi l'accroissement des décrochages scolaires, et ce de plus en plus précocement au collège. Le gouvernement s'attelle avec plus ou moins de succès à ce problème, en proposant un certain nombre de dispositifs allégés, alternatifs et professionnels mais sans parvenir à enrayer la vague d'absentéisme lourd et de décrochage.

L'analyse qualitative est plus éclairante que l'évolution quantitative, même si pouvoir chiffrer est précieux. Cela mériterait une évaluation au plan national, qui ne serait pas une tâche aisée, compte tenu de la diversité de situations et de motifs allégués de déscolarisation. Si on tente une extrapolation selon les données précitées regroupées autour des phobies et des refus anxieux de l'école, des décrochages et des absentéismes prolongés issus des différents organismes, on peut chiffrer l'ampleur du désastre aux environs de huit cent mille élèves en situation de déscolarisation tous motifs confondus. Quant à l'évolution, mes entretiens avec les médecins scolaires, les contrôleurs d'absentéisme et de décrochage de l'État, les enseignants, les médecins, psychiatres, pédopsychiatres et psychologues, confirment la recrudescence de la déscolarisation, ee pour des motifs souvent discutables, parfois non recevables. Les réponses au questionnaire que je leur ai adressé confirment que les cas qu'ils ont à traiter ont augmenté d'environ 10 % durant l'année 2021-2022. Cela veut dire que sur les douze millions d'élèves français, près de 8 % seraient concernés par les déscolarisations. Toutefois, ce pourcentage issu d'extrapolations ne relève pas de données objectives dont il serait nécessaire de disposer, ne serait-ce que pour déployer des mesures efficaces afin d'enrayer ce phénomène.

Qu'en est-il de l'accroissement du problème actuel de refus, de blocage, d'incapacité à affronter l'école, les professeurs, les élèves ou certains d'entre eux ? Le phénomène n'est pas nouveau mais il devient très préoccupant du fait de son expansion galopante confirmée par les professionnels de santé et d'éducation ?

Après tout, pourquoi s'imposer d'aller à l'école alors que l'on peut rester à *cocooner* à la maison, sortir et jouer dehors avec les copains, être protégé des épreuves de la vie ? D'autant que, ainsi qu'en témoigne le public scolaire (enfants, parents et nombre d'enseignants), le fonctionnement standardisé de l'école, la rigidité dans l'application des programmes, l'obsession à tout évaluer, la course à la performance paradoxalement associée dans la pratique à un relâchement des exigences scolaires et au passage automatique de classe en classe quels que soient les résultats, portent une responsabilité dans l'amplification du phénomène de déscolarisation. Ajoutons à cela l'évolution de la société, du rapport à l'autorité, de la structure familiale et de son cadre éducatif, de la place des médias et de l'addiction croissante aux écrans et aux réseaux sociaux. Ajoutons-y le choix de certains parents qui souhaitent une autre éducation scolaire pour leur enfant qui est différent (ou qu'ils pensent différent). Selon l'avis de l'école ou le leur, il peine et ne parvient pas à s'adapter. C'est une réalité liée à la volonté gouvernementale de l'inclusion scolaire des enfants quelles que soient leurs difficultés. Or, cela se fait sans une véritable adaptation du milieu scolaire et des programmes pédagogiques. Autre impasse qui peut conduire au refus scolaire : la posture affective et éducative très, voire trop protectrice de parents qui prennent l'initiative de déscolariser leur enfant et assurent l'instruction en famille (IEF) selon leur méthode qu'ils considèrent meilleure, ce qui se discute, ou plus souvent en s'inspirant des pédagogies alternatives. Un phénomène plus inquiétant et qui nécessite une veille des services de l'État : la décision de déscolariser l'enfant peut relever d'une idéologie communautaire ou religieuse, ~~ce~~ afin d'éloigner l'enfant de l'enseignement au sein de l'école, jugé déviant, amoral, et de le former selon des principes et des préceptes de leur communauté.

L'intrication de l'ensemble de ces données a manifestement un effet redoutable sur la bonne marche des apprentissages scolaires et les résultats ~~qui sont~~ attendus. C'est dans cet esprit que le gouvernement a durci les règles de l'instruction en famille, de l'école à la maison et de l'agrément des écoles hors contrat. La loi confortant les principes de la République, promulguée en août 2021, impose un cadre légal qui limite les autorisations (voir annexe, en fin de livre) et qui contrôle, en amont et en aval de l'autorisation, la qualité pédagogique et l'efficacité de l'enseignement.

Reste que l'angoisse, problème majeur dans la déscolarisation, s'invite sans prévenir. Elle constitue un traumatisme qui oblige l'enfant à fuir pour éviter que ça recommence. Fuir là où elle s'est manifestée, en l'occurrence à l'école qui, même si elle n'est pas la seule source de l'angoisse, devient le motif allégué, la cause par un processus psychique de déplacement phobique. S'ensuit une conduite d'évitement qui se focalise sur l'école. On comprend la difficulté à identifier et résoudre ce nœud autour de l'événement initial de l'angoisse. Comment s'y retrouver et aider l'enfant qui est incapable, ou qui refuse, de franchir la grille de l'école qu'il voit comme une prison ou un lieu menaçant, ou pire, un lieu de torture ?

Petit florilège de ce que j'entends lors de consultations pour refus scolaire : *L'école, c'est nul, on n'y apprend rien* ; *De toute façon, je n'y arriverai pas* ; *On n'est pas des riches, l'école, c'est pas pour nous* ; *Les profs, ces bâtards, ils nous humilient, on n'en a rien à foutre d'eux* ; *Au collège, on est tous nuls, on ne veut pas apprendre, les profs n'arrêtent pas de le dire, c'est comme ça* ; *Chaque fois que j'arrive devant l'école, j'ai mal au ventre et j'ai envie de vomir* ; *C'est plus fort que moi, je ne peux pas franchir la grille, je ne comprends pas* ; *Il y a des garçons qui m'embêtent, j'ai peur* ; *C'est trop dur, l'école* ; *Je ne veux pas laisser maman, je dois rester près d'elle* ; *Je me sens trop mal en classe, c'est comme si j'étouffais* ; *Les profs font des contrôles surprise, ça me stresse, j'ai peur de ne pas y arriver* ; *Les grands nous tapent et la maîtresse dit rien* ; *J'aime pas travailler* ; *Je ne sais pas qui va venir me rechercher, une fois ils m'ont même oublié.*

À travers ces propos d'enfants, on entend que ces blocages et ces refus recouvrent des situations très diverses. Interviennent les dimensions sociétale, éducative, psychosociale et psychique. Cela est difficile à démêler pour les parents, les établissements scolaires et les médecins, un peu moins pour les pédopsychiatres et psychothérapeutes qui prennent le temps d'écouter les enfants, leurs parents, si possible sans *a priori* et en les respectant.

La pandémie de Covid, la peur de la contagion, la distanciation sociale, le confinement ont bouleversé les repères sociaux, les rythmes, les relations entre les enfants, entre les adolescents, avec leurs parents et dans leur vie socio-scolaire. Le télé-enseignement s'est improvisé et il a fonctionné tant bien que mal, d'autant que, simultanément, le télétravail a été imposé aux parents. Cette situation a été durement vécue par la plupart des personnes mais elle a aussi permis de goûter à des situations inédites de relâchement, d'apaisement des rythmes de vie, d'un certain confort dont l'habitude s'est prise, de goûter aussi à des moments chaleureux et à des dispositifs attractifs qui ont modifié le rapport au travail et aux apprentissages scolaires, qui ont aussi ouvert d'autres modalités de relations au sein de la famille et avec les enseignants. Ajoutons à cette mue imposée que le numérique en solitaire et en réseau s'est banalisé et a pris une forte expansion comme outil de travail dans un alliage parfois détonnant entre le pôle ludique, le pôle de travail et le pôle des dématérialisations administratives. Concernant les enfants, les enseignants ont constaté que cela induisait une discontinuité pédagogique avec une perte d'équité sociale en lien avec diverses fractures. En premier lieu, les parents ne sont pas des enseignants, encore moins s'ils n'ont pas été enseignés, et sont même parfois illettrés. Autre obstacle, celui de la fracture numérique par manque ou défaillance de réseau, notamment en campagne, ou par défaut de fonctionnement du dispositif domestique de connexion. Encore plus injuste, lié avec ce qu'a produit de perte d'équité la disparité des conditions de vie, de logement, de support éducatif, personne n'était prêt pour un enseignement à distance et cela a desservi bon nombre d'enfants.

Ainsi les enfants, parents et enseignants ont vécu à divers niveaux une démobilisation allant jusqu'au découragement et au décrochage scolaire dont il a été parfois très difficile de se remettre. Certains médias parlent d'une *grande démission,* résultant de la pandémie, qui a poussé de nombreuses personnes, dont les adolescents, à remettre en question un mode de vie centré sur le travail, voire à le refuser. Sans aller jusqu'à adhérer à une telle conclusion hâtive, on constate qu'elle correspond en partie à la réalité, y compris pour les enseignants mis à l'épreuve dans cette adaptation forcée, et malgré tout censés donner l'envie d'apprendre. Ils doivent d'autant plus pousser leurs élèves récalcitrants à l'effort pour acquérir un socle commun des connaissances standardisées. Par leur abstraction et leur complexité méthodologique, ces savoirs ne sont plus réellement en phase avec les modes de pensée et les préoccupations des enfants et des adolescents. Faut-il les adapter et adapter la pédagogie ? La démission actuelle peut-elle conduire à un réaménagement des apprentissages scolaires s'inspirant du réaménagement sociétal lié à la pandémie ?

« C'est la faute à Covid » n'est qu'en partie vrai car ces blocages et refus scolaires étaient déjà une tendance forte avant cette situation exceptionnelle de pandémie. Mieux vaut donc parler d'aggravation d'un phénomène plus complexe de mise en question, de défaillance, d'opposition dans l'obligation des enfants à assurer au mieux leur présence et leurs apprentissages scolaires. Manifestement, les obligations auxquelles les enfants du siècle passé ne dérogeaient que rarement, n'ont plus la même importance. Il y a un phénomène d'échappement qui pose un vrai problème de fond, à la fois sociétal, éducatif et psychosocial. Toujours est-il que nombre de parents demandent à consulter en urgence, en désarroi face à l'empêchement scolaire de leur enfant, face aux critiques de la part de l'entourage et de l'école à leur égard de ne pas pouvoir assurer l'obligation scolaire de leur enfant, les jugeant défaillants quant à leur autorité et leur responsabilité. Or, la plupart du temps, ils sont dépassés, subissent la situation, même si certains d'entre eux sont parfois complices de la déscolarisation pour un motif plus ou moins fallacieux (idéologique, religieux, par hyperprotection) ou initiateurs pour un motif qu'ils estiment légitime (école défaillante, déviance d'élèves harcelants ou de professeurs maltraitants).

Pourquoi tu ne veux pas aller à l'école ? C'est la question qui est posée à l'enfant. En général, il n'en sait rien ou il est incapable de répondre. Lui-même s'interroge sur ce qui lui arrive et souvent il ne comprend pas. Les parents, les frères et sœurs, les enseignants, la direction de l'école, les médecins et les psys, tous y vont de leurs multiples questions, tantôt empathiques, tantôt agacées ou en forme de reproche. Autant dire que le malaise de l'enfant s'accroît à mesure de la pression et de l'insistance d'une question qui, posée ainsi, n'est pas vraiment judicieuse.

Afin d'explorer au mieux la diversité des situations, de les expliciter et de proposer la meilleure réponse à l'enfant, à ses parents et au milieu scolaire, j'ai choisi de partir des propos de ces enfants en difficulté qui viennent consulter et tentent de décrire ce qu'ils éprouvent. Deux questions leur sont posées par les parents et les personnes qui veulent les aider : *Pourquoi tu ne veux pas y aller ? Qu'est-ce qu'on va faire ?* Si l'ébauche de réponse de l'enfant est un élément important, cela ne suffit ni à saisir de quoi il s'agit réellement, ni à trouver une solution aisée pour dénouer le blocage.

Comme un certain nombre de psys, je prends soin d'accueillir et d'écouter l'enfant et ses parents avec attention et sans jugement *a priori*. Je sollicite leur participation active. Celle de l'enfant est indispensable pour résoudre son problème, quel qu'il soit. Afin de saisir le vrai motif de la déscolarisation et ne pas me tromper dans l'attitude à avoir selon les situations, je fais de chaque cas un cas particulier. C'est pourquoi je développe tant de situations, en me limitant pourtant aux plus fréquentes. Afin que le lecteur (parent, enfant, professionnel) concerné par ce problème s'y retrouve, j'écarte quelques détails singuliers de façon qu'il puisse se référer à la situation à peu près similaire à celle qu'il connaît. Cet ouvrage est une boîte à outils dans laquelle chacun trouvera, j'espère, sa propre situation et ses réponses personnalisées grâce au titre clé de chaque chapitre, sous forme de parole prononcée par l'élève qui ne franchit plus la grille de l'école.

La première partie, « C'est pas que j'veux pas, c'est que j'peux pas », un classique encore d'actualité, traite de diverses formes de blocage anxieux scolaire. Elle s'attache à décrire et à comprendre le phénomène de refus anxieux, la souffrance de l'enfant et son incapacité à aller à l'école. Cela reste le problème principal pour l'enfant et ses parents désorientés. Ils sont souvent très seuls pour affronter cette pénible situation.

La deuxième partie, « C'est bon, j'arrête, je veux plus », très actuelle et en croissance, s'attarde sur le refus de s'astreindre à la scolarité. Elle aborde les situations d'épuisement et de refus de la performance. J'y évoque aussi les enfants qui subissent une situation masquée de souffrance sociale et psychoaffective, ainsi que les cas de dévalorisation, d'échec, de décrochage. Je m'interroge sur les révoltés qui s'opposent et qui refusent de se plier à la contrainte scolaire comme à d'autres. Ces nouvelles problématiques de refus scolaire sont très embarrassantes pour les parents, les enseignants et les soignants sollicités, mais sans poser de réel problème aux enfants concernés, au moins en apparence.

La troisième partie, « Faut-il se fier aux solutions trouvées par l'enfant ? », analyse ce que les enfants proposent parfois quand ils sont déscolarisés ou en voie de déscolarisation. Cela mérite qu'on s'y attarde, tout en restant vigilants sur l'apparence de bonne solution qui peut vite se révéler une fausse bonne solution, voire une très mauvaise. Ces idées peuvent être surprenantes, opportunistes ou idéalistes. Ils se montrent parfois pragmatiques et capables de faire face à leur incapacité, leur renoncement ou leur refus d'aller à l'école. Certains de ces enfants savent fort bien utiliser leur intelligence dans le but de ménager leurs efforts, en restant en marge du système scolaire. D'autres veulent une adaptation du système scolaire à leurs difficultés et cherchent à utiliser les possibilités d'aménagement qui les intéressent si leur objectif est de ne surtout pas rompre avec les apprentissages.

Chaque chapitre des deux premières parties se clôt par un encadré intitulé « Dire et agir » qui s'adresse aux parents et professionnels. On y trouve des conseils qui ont leur limite mais peuvent être un outil complémentaire pour aider l'enfant au mieux. Ces pistes du dire et de l'agir restent toujours en lien avec ce qui est développé dans la situation clinique du chapitre où ils peuvent retrouver peu ou prou celle vécue avec leur enfant.

I - C'EST PAS QUE J'VEUX PAS, C'EST QUE J'PEUX PAS

Voilà, c'est dit, mon enfant ne peut pas, n'en peut plus, il souffre, on doit le croire car ce n'est ni un caprice ni une mise en scène. Quelque chose s'impose à lui, soudain ou progressif, cela le submerge, cela agit en lui comme s'il était traumatisé. Son corps est traversé par des sensations pénibles qu'il n'a jusqu'à présent jamais connues ou qu'il a déjà connues mais étaient restées enfouies au plus profond, et cela ressurgit tel un tsunami. Cela le submerge ou cela l'écrase, il n'en peut plus et serait prêt à tout, voire au pire, pour échapper à son angoisse qui prend des formes diverses : sensation de chute de son être dans un trou noir, constriction thoracique insupportable, boule dans la gorge déglutition impossible, nausées, vomissements… La première crise d'angoisse est terrible, on ne s'y habitue pas. Au contraire, le psychisme met en place un dispositif défensif qui se traduit principalement par l'anxiété, un signal d'alerte souvent nommé « stress », à tort, qui conduit à l'évitement de tout ce qui pourrait réveiller l'angoisse qui agit comme un traumatisme. Or, l'enfant ne sait pas ce qui l'a déclenchée et encore moins sa cause, donc tout devient source d'anxiété. Son comportement semble irrationnel, entre attitude de fuite phobique, rituels compulsifs, agressivité si on tente d'aller contre sa défense contre angoisse, DCA efficace mais qui le paralyse. Il peut même être en crise de panique, se mettre en danger s'il s'agit de franchir la grille de l'école. Il risque de se faire renverser car il est capable de traverser brutalement la route. Il va jusqu'à taper la personne qui veut le faire rentrer. Il hurle, non pas de colère mais de douleur, d'effroi. On ne peut pas le comprendre tant qu'on n'a pas vécu le ravage de l'angoisse. La douleur est aussi terrible qu'infondée aux yeux des autres, jusqu'à attenter à sa vie pour la faire cesser. C'est une affaire grave que l'on doit prendre au sérieux. Si rassurer est utile, ce n'est pas suffisant pour apaiser la crise d'angoisse, de panique, dont les tenants et aboutissants restent une énigme pour les parents désarçonnés, impuissants, au risque pour eux d'agir maladroitement et d'aggraver le problème. Voyons ces problématiques, leurs enjeux, l'accompagnement et le soin que chacun peut apporter à ces enfants en réelle souffrance.

J'ai mal au ventre, j'ai peur de vomir

Je reçois en consultation des parents très inquiets qui accompagnent leur fille unique âgée de 8 ans, fluette, visage blême, au bord des larmes, visiblement effrayée par la situation. Je commence par la rassurer et demande aux parents d'expliquer la situation : ils ont été appelés par la maîtresse qui ne parvenait pas à consoler leur fille en panique, qui pleurait et hurlait dans la classe jusqu'à se faire vomir. Cela est arrivé soudainement sans signe avant-coureur. Personne n'a compris ce qui se passait. La mère est revenue à la maison avec sa fille collée à elle. Dès qu'elle s'éloignait, c'était de nouveau un vécu de panique. Durant le week-end, la mère a pris soin de sa fille, l'a consolée, a cherché à la comprendre. Ni indice ni événement, l'enfant subissant cette angoisse majeure sans rien pouvoir dire d'autre que : *J'ai peur... je vais vomir, ne me laisse pas.* Le lundi matin, le départ se fait sans difficulté mais, arrivée à l'école, elle est de nouveau prise de panique. La mère et l'enseignante la rassurent. Quand, épuisée, la maîtresse la prend par la main, les cris redoublent et elle lui mord le bras. Elle doit se rendre à l'évidence, entrer dans l'école est au-delà de ses forces et déclenche une réaction agressive de survie. La mère rencontre le médecin traitant qui prescrit un petit remède à base de plantes et un arrêt de travail pour enfant malade. Les jours suivants, il n'est plus question pour la fille ni pour la mère de quitter la maison. S'ajoutent à cela des cauchemars et une anxiété permanente, d'autant que le père, agacé, use de sa grosse voix. La situation est bloquée et la petite ne peut que répéter qu'elle a peur. Les jours suivants, prise de nausées devant les aliments, elle ne mange pratiquement plus et répète en boucle : *J'ai peur de vomir.* Les nuits sont chaotiques : réveils, appel de sa mère, épisode d'énurésie qui plonge l'enfant dans la détresse. Des signes dépressifs viennent compliquer les manifestations d'angoisse. Le médecin réalise un bilan, prescrit un antiémétique et conseille aux parents de rencontrer un psychiatre. Je la rencontre après deux semaines épuisantes pour elle et pour ses parents.

Nous entrons dans le vif du sujet afin de saisir ce qui est en jeu dans cette angoisse. Les parents, chaleureux, ouverts, sont très soucieux pour leur fille jusque-là joviale bien que réservée. Ils la voient dépérir, imaginent le pire, un traumatisme, une agression. Ils pensent que quelque chose de grave leur a échappé. Partagée, l'angoisse est accentuée de part et d'autre. Leur fille a perdu 2 kg, ne joue plus, ne va plus à la danse. Elle refuse de rencontrer sa copine, se replie sur le canapé du salon, ne quitte pas sa mère des yeux. Deux problèmes se posent : le péril imminent et le dénouement psychique de l'angoisse. La prescription d'un anxiolytique s'impose pour stopper l'escalade du mal. Je demande l'accord aux parents et à la fille qui, de la tête, me fait signe qu'elle l'accepte volontiers. Ce préalable posé, nous explorons non pas le motif de l'angoisse, mais son contexte. Il est inutile de reposer une énième fois la question du pourquoi de l'angoisse et du refus d'aller à l'école, la réponse serait la même : *j'ai peur, j'ai peur de vomir.* Le contexte, c'est le présent et l'histoire de cette petite fille, le sens de son malaise et le mode de réactivité des parents. Dans cette situation, ils se culpabilisent, particulièrement la mère qui déroule ses prétendues fautes :

« Nous l'avons eue tardivement et j'ai bien cru la perdre à la naissance… Je n'ai pas voulu d'autre enfant, j'avais trop peur. J'ai été très protectrice avec elle, peut-être qu'il y a eu cassure quand j'ai repris le travail. En fait, je n'aurais pas dû.

Sa fille écoute attentivement, je l'interpelle :

— Que penses-tu de ce que nous dit ta mère ?

Elle se renfrogne et se colle à elle :

— Vous voyez, elle ne peut pas me quitter.

Elle lui chuchote à l'oreille :

— Excuse-moi, maman, je ne veux pas t'embêter, je ne suis pas gentille.

J'invite le père à s'exprimer aussi :

— Je travaille beaucoup, je n'ai pas trop l'occasion de jouer avec elle. C'est surtout sa mère qui s'en occupe… c'est une mère poule. »

Je plaisante, souris et essaie d'entrer en communication avec la petite, un moment délicat. Il faut qu'elle sente que je suis proche d'elle, de ses parents et que je ne lui veux aucun mal, y compris celui de la remettre à l'école, ce n'est pas d'actualité. Ce premier contact est essentiel si on ne veut pas que la construction défensive s'éternise et que l'enfant s'enlise dans sa régression en quête de sécurité maternelle face à un monde devenu menaçant. Il faut se décaler et la surprendre tout en la rassurant, de façon à faire perdre au monde extérieur sa dimension de menace. Ce détour doit permettre d'apaiser en trompant les défenses (la peur de vomir, la peur de l'école, le rituel de protection), et de révéler l'association d'idées inconscientes imaginaires qui a produit l'angoisse, qu'il y ait eu agression ou pas. Je pars donc du principe que tout détail est important car c'est d'un détail qu'*a priori* tout s'est embrasé. Même sans qu'il y ait agression, traumatisme sexuel, humiliation, harcèlement, l'angoisse peut s'inviter mais on n'écarte jamais cette hypothèse d'un événement grave.

Il n'est pas question ni possible de prendre le problème de front. Alors je lui parle de choses et d'autres, lui demande quels dessins animés elle regarde, si elle discute avec sa copine. Je m'intéresse à ses jeux, ses rêves, ses vacances, son plus beau cadeau, pour en arriver petit à petit à ce qui a pu la déranger à l'école. On sait qu'il se dit tant d'histoires entre les enfants, qu'ils partagent leurs peurs. On sait qu'ils écoutent leurs parents, et les propos saisis, mal compris, d'une discussion animée peuvent créer une grande insécurité. Mais il est aussi possible qu'elle ait vu quelque chose qui l'a inquiétée, traumatisée dans un dessin animé ou des images choquantes aperçues subrepticement à la télévision.

Voilà qu'après quelques séances, ça sort brutalement : *À l'école, on nous a fait faire des exercices. Il faut se cacher sous les tables sans faire de bruit, et moi, j'avais envie de tousser. J'ai eu peur que les terroristes me tuent… j'en ai vu à la télévision, ils tuent les enfants.* Certes, elle n'est pas la seule élève qui présente ou renforce une anxiété à la suite de ces exercices, même si l'enseignant n'abuse pas de dramatisation maladroite. Elle n'est pas non plus la seule à présenter un refus scolaire anxieux d'ordre phobique à la suite de ces exercices probablement nécessaires dans le cadre du principe de précaution. Autrement dit, parvenir à cette révélation n'est qu'une première étape pour surmonter son angoisse.

La suite des entretiens avec les parents, puis seul avec elle, a permis de tendre une passerelle en partant de sa fragilité liée à une immaturité qui n'a rien de pathologique à son âge. Accentué par une protection maternelle qui lui a jusqu'ici évité de se confronter à la réalité du monde, le choc en est d'autant plus fort, jusqu'au traumatisme. La passerelle vise à permettre d'acquérir une posi-tion active pour affronter le monde et les autres dont on sait qu'ils ne sont pas tendres et n'épargnent pas les êtres naïfs, fragiles et différents. La passerelle qu'offre la psychothérapie ne vise pas à

I - C'est pas que j'veux pas, c'est que j'peux pas

ce qu'elle se durcisse et qu'elle ne soit pas touchée par les affres de notre monde. Le but est de permettre que s'expriment ses émotions et ses fantasmes sur le pire qui pourrait arriver. C'est le préalable pour devenir actrice, c'est-à-dire apte à se défendre et à agir de façon qu'il n'y ait plus de gouffre entre le cocon familial et le monde extérieur. C'est sa prise de conscience et sa position active qui, en quelque sorte, vont lui permettre de domestiquer le réel.

Reste à retourner à l'école, ce qui suppose de parvenir à dissocier le milieu scolaire de l'insécurité intérieure. La reprise fut progressive en présence de sa mère, parfois de son père. Ils ont participé à des moments de classe. S'ajouta à la mobilisation des copines pour l'accueillir la réalisation d'un gâteau pour sa maîtresse, très attentive à son confort. Celle-ci a proposé des activités créatives qui ont permis à la classe de retrouver sa fonction d'espace de jeu et à la petite de prendre part à leur organisation, d'y apporter sa touche décorative en accord et en complicité avec la maîtresse. Tout cela a nécessité du temps et de l'engagement de la part de tous. La peur de vomir et les nausées ont perduré une partie de l'année scolaire et les absences, bien tolérées par l'école, lui ont permis de maintenir un sas de décompression. La rentrée scolaire suivante, une angoisse-signal s'est invitée, témoignant de l'insécurité et du traumatisme produit par la première angoisse, si tant est que ce fut la première car l'origine a pu échapper à la perspicacité de sa mère attentive.

Tout a été fait pour prendre soin de cette petite fille, donc l'évolution clinique s'est déroulée de la meilleure manière avec une qualité d'accompagnement des parents, de l'enseignante, du médecin traitant et du psy. Aucun n'a jugé la déscolarisation et le soin fut centré, non sur la reprise scolaire à tout prix, mais sur le retour préalable à la sécurité intérieure et la construction d'une capacité créative nécessaire pour gagner en confiance. C'est loin d'être toujours le cas, de nombreuses situations s'éternisent et l'installation d'une phobie scolaire durable oblige à déscolariser l'enfant parfois pendant des années. Dans tous les cas, il faut savoir que la cicatrice d'angoisse indélébile est toujours prête à se réveiller lors de situations imprévues, et avant d'avoir pu les maîtriser.

Quant au péril, le mot n'est pas trop fort, cela peut aller bien plus loin que de mordre le bras de la maîtresse et de s'installer dans un comportement anorexique. Si les parents exercent une pression insistante pour que l'enfant retourne à l'école, le culpabilisent, lui reprochent un comportement qui le dépasse, alors l'angoisse s'aggrave et il se peut qu'il s'en prenne à lui-même. Tant de fois, des parents m'ont consulté, affolés, car leur enfant avait retourné un couteau contre lui-même ou s'était enfermé dans sa chambre et avait voulu sauter par la fenêtre. L'angoisse peut conduire à commettre de tels actes autodestructeurs jusqu'à un acte définitif. Un refus scolaire chargé d'angoisse forte n'est pas à prendre à la légère. Tout comme on délivre un arrêt de travail à l'adulte souffrant, il faut accepter de le faire pour un enfant en souffrance qui, en raison de son angoisse, n'est pas à même d'entrer dans une classe et moins encore d'assimiler des acquis scolaires.

Dire et agir : comprendre et protéger son enfant

Plus un enfant est jeune, plus il est impressionnable, vulnérable et influençable. Il faut le savoir, si on lui impose des mesures de prévention (terrorisme, incendie) ou ~~lui~~ délivre des informations civiques, sexuelles et autres, quand bien même elles seraient justifiées.

Le principe de précaution oblige à des techniques de protection face à des risques que l'enfant ne comprend pas toujours et qui peuvent le terroriser. Il faut donc le préparer et savoir y renoncer temporairement pour certains enfants fragiles ou différents.

Les enseignants n'étant pas psychologiquement formés, ils ne sont pas en mesure, sauf qualité individuelle, de prévenir l'effet de choc traumatique des directives de prévention qu'ils sont amenés à imposer aux enfants. Les parents doivent y avoir leur mot à dire.

Il revient aux parents de prendre le temps de répondre aux questions de l'enfant, voire de les solliciter pour ne pas laisser s'installer un choc traumatique, source d'angoisse.

Il n'y a pas lieu que les enfants soient exposés à des contenus violents, qu'il s'agisse de conversations, d'intrusion médiatique, de contenus vidéo et de jeux pour console. Il revient aux parents d'y veiller, d'être attentifs aux logos d'âge minimal recommandé et d'expliquer à leur enfant pourquoi ils respectent cette limite, même si leur copain n'est pas soumis à cette même règle, par laxisme des parents. C'est leur rôle de protection et d'autorité éducative.

Quand je suis en classe, j'étouffe, il faut que je sorte

Autre cas fréquent et douloureux, un adolescent âgé de 14 ans consulte, demandeur, car il vit une situation de blocage psychique total. Depuis trois mois, il ne se rend plus à son collège. Bon élève, studieux, il voudrait y aller mais c'est plus fort que lui, dès qu'il se prépare, surgit une crise anxieuse avec nausées, vertiges et sensation de panique. Cela le conduit à se taper la tête contre les murs jusqu'à se blesser. Il s'en veut, se punit, il est triste et le vit comme une impasse insurmontable. Il répète à qui veut l'entendre qu'il ne comprend rien à ce qui lui arrive. Il s'en excuse auprès de ses parents. Apparaissent des idées suicidaires, ce qu'il a confié à sa mère et à son médecin qui l'a reçu dès le premier accès d'angoisse et a effectué un bilan biologique qui s'est avéré normal. Désarmé, il a essayé de dédramatiser, de rassurer l'adolescent et les parents. Mais face à l'insistance de l'angoisse qui prend la forme de phobie scolaire, il a prescrit un traitement anxiolytique léger. Il lui a conseillé de rencontrer une psychologue, qui a tenté une psychothérapie de type cognitif agissant sur l'automatisme d'anticipation anxieuse et de pensées négatives. Après deux mois sans résultat probant, le médecin a conclu à la nécessité de rencontrer un pédopsychiatre dont l'adolescent et les parents espèrent beaucoup. Cette attente est une charge pour le praticien mais c'est aussi la garantie d'un engagement du jeune, ce qui se confirmera au fil de nos rencontres.

De quel engagement s'agit-il ? Le psychisme humain est complexe et, comme pour les icebergs, la partie immergée, inconsciente, ce que l'on ne sait pas de soi-même, est plus importante que ce qui apparaît en surface, directement accessible à la conscience. C'est là que se situe l'engagement qui oblige à interroger ce qu'on ne sait pas pour découvrir de quoi il s'agit et les symptômes, l'angoisse que cela produit. La démarche requiert de l'énergie, du temps, ce qui n'est pas très prisé dans une société de l'efficacité immédiate qui préfère un traitement de surface fait de renforcement positif, de redressement cognitif et de prescription médicamenteuse. Or, dans le cas de cet adolescent, cela ne fonctionne pas, ou cela ne suffit pas. La prescription d'un anxiolytique efficace est indispensable, et, au vu de l'évolution dépressive, un antidépresseur peut s'avérer utile dans un second temps. Mais nous commençons, comme des chercheurs d'épave, à repérer les éléments qui vont nous conduire à l'origine du surgissement incompréhensible d'une sensation d'étouffement si intense qu'elle a obligé l'ado à sortir urgemment de la classe pour se rendre, chancelant, à l'infirmerie, soutenu par une camarade. Notons qu'il a un an d'avance, il est très bon élève et, jusque-là, n'était pas réellement stressé, comme d'autres, par la perspective du brevet des collèges. Certes, il travaille beaucoup, sort peu, ne pratique que rarement un sport, préférant sa chambre et les livres. Il a deux amis et il est jugé intello par les autres, qui l'évitent. Cela l'arrange, il préfère fuir les distractions et conversations habituelles des élèves plus âgés que lui mais qu'il juge un peu immatures. Passionné d'astronomie, il se documente et voudrait en faire son métier. C'est d'autant plus rageant, désespérant pour lui de ne pouvoir pénétrer dans le collège. Et pourtant ce n'est pas faute d'essayer. Tous les matins pendant un mois, il s'est levé, habillé malgré l'angoisse et les vertiges, et il a demandé à sa mère de le conduire. Celle-ci le voyant se dégrader de jour en jour, tentait de le rassurer, lui proposant même d'organiser son cursus à la maison en accord avec le collège. Son ami, empathique, lui apportait quotidiennement les cours. Pas question de renoncer, il continuait malgré tout à étudier.

Dans la psychothérapie, un tournant survint lorsqu'on décryptait la peur du regard des autres, ce qu'ils pouvaient bien penser de lui pour que ça le panique à ce point.

« On me regarde et on me juge, ça me fait me sentir mal.

— Mais que pourraient-ils découvrir, vous avez un défaut… ou vous êtes en faute ?

Grosse angoisse, silence, puis il reparle du fait d'être jugé intello, d'être isolé, ce contre quoi j'argumente en lui précisant que, même si c'est pénible et blessant, cela n'empêche qu'il en a, semble-t-il, l'habitude et que cela ne justifie pas sa panique si brutale. Il répond qu'il est persécuté, qu'il en a marre, puis se met en colère. Je reste stoïque et lui demande de chercher encore.

— Si je vous le dis, vous me jugerez aussi… Hier, j'ai compris ce qui m'arrivait… c'est une honte, je suis un pourri, dégueulasse. »

Il se lève et prend la fuite. Pas de nouvelles durant une semaine, je décide d'appeler sa mère. Elle m'informe qu'il ne quitte plus sa chambre. Elle est très inquiète. Je lui dis d'exiger qu'il vienne avec elle en consultation. Ce moment de crise, qui n'est pas sans risque, peut devenir un moment de dénouement. C'est ce qui fait dire qu'on va plus mal en allant voir un psychiatre. Le risque n'est pas d'ouvrir la boîte de pandore mais de s'arrêter là, de fuir pour ne surtout pas voir ce qu'il y a dedans. Intelligent, il va vite comprendre l'intérêt de ne pas lâcher l'affaire. Je lui demande d'écrire ce qu'il n'ose pas me dire. Dès le lendemain, je reçois un mail où il explique qu'il est très intéressé par la physique mais aussi par le physique de sa professeur. Il se sent de plus en plus amoureux, ce qui perturbe l'écoute de son cours. Mais le pire fut qu'en se masturbant le visage de sa professeur lui est apparu. Il l'a imaginée nue, a fantasmé un rapport sexuel avec elle, une fois puis deux... puis tous les soirs en rentrant du collège. Le plus étrange est qu'il n'ait pas fait le rapprochement entre cette situation embarrassante qui le troublait et son jugement sur lui-même projeté sur le regard des autres. Son mécanisme persécutif était à la hauteur de son sentiment de culpabilité jusqu'à provoquer les crises d'angoisse. La suite de la psychothérapie a traité du sentiment de culpabilité, des différences et des points communs avec les autres ados, de ses désirs et fantasmes sexuels pour quelqu'un qu'il admire... et qui a l'âge de sa mère. Il a enfin pu dédramatiser, c'est-à-dire dénouer le piège qu'il se tendait en dirigeant son désir vers cette femme qui, en plus d'être belle à ses yeux, était professeur de physique, matière à laquelle il se destinait. Les manifestations anxieuses ont pratiquement disparu. Il lui a été possible de retourner au collège, mais à condition de ne surtout pas rencontrer cette femme. L'aménagement n'a pas posé de problème, le collège étant prêt à tout faire pour faciliter son retour. La psychothérapie s'est poursuivie, le conduisant à faire une place à son désir d'aimer une jeune femme en dépassant son immaturité œdipienne.

Avec ce cas, on mesure la complexité de ce qui se cache derrière une crise d'angoisse, événement traumatique, donc le processus d'évitement qui conduit à la phobie sans que, comme on dit, une mère puisse y retrouver ses petits. C'est la fonction de la phobie de déplacer l'angoisse sur un élément qui, de près ou de loin, renvoie à la source. Un pas de plus et c'est un comportement compulsif d'évitement et de rituels afin d'enrayer le réveil de l'angoisse. Dans son cas, étant donné la charge de culpabilité, un processus de dissociation traumatique, qui va au-delà d'un simple déni, a empêché cet adolescent de faire le lien entre sa fascination sexuelle pour son professeur et l'angoisse persécutive. Au point que j'en suis arrivé à penser, avant sa révélation, qu'il s'agissait d'une entrée dans la schizophrénie. Heureusement, il s'agissait juste d'une angoisse névrotique telle qu'on en rencontrait fréquemment au XXe siècle, et que l'on a tendance à oublier, à tort, dans une société qui semble plus libre dans son approche du désir et de la sexualité.

Si, pour lui, le dénouement fut assez simple avec la reprise du collège cinq mois après la première crise anxieuse, pour d'autres on butera sur : *Je ne comprends pas, je ne sais pas,* car l'origine de l'angoisse est enfouie, ancienne, abstraite, inaccessible. Par exemple, un adulte en échec a mis un temps infini à se souvenir de la remarque d'un instituteur : *Toi, le boutonneux, au tableau...* Risée de tous les élèves, humiliation. Et depuis, sa conduite d'échec n'a fait que lui prouver qu'il était moche, nul et qu'il n'arriverait jamais à rien. Pour un autre, une crise d'asthme infantile avait inscrit l'angoisse de mort inconsciente qui s'est réveillée lors d'un cours d'éducation physique et sportive, après une roulade où il a eu le souffle coupé. Pour un autre, c'est l'absence d'un élève dont on a dit qu'il était gravement malade qui réveilla une angoisse infantile liée à une hospitalisation précoce. Autant dire qu'il faut parfois chercher une aiguille dans une botte de foin, et surtout ne pas trop vite faire le lien de cause à effet entre une situation actuelle et le refus anxieux.

Dans la construction psychique de toute personne, même harmonieuse, il a existé des moments de perplexité anxieuse, d'évitement, de refoulement d'un fantasme importun, et aussi d'événements passés inaperçus mais qui ont laissé leur empreinte traumatique. Autrement dit, on doit pouvoir considérer la crise d'angoisse et le refus scolaire anxieux comme symptômes qui invitent à revoir la construction psychique. C'est donc une crise utile, même si, bien sûr, la personne s'en serait bien passée. En fait, mieux vaut que cela se manifeste tôt dans la vie, le dénouement étant plus facile lors de l'enfance que quand les défenses d'un adulte se sont rigidifiées, empêchant l'accès à des éléments plus enfouis.

Qu'est-ce, au fond qu'un moment sans aller à l'école au regard du handicap généré par une formation réactionnelle, c'est-à-dire une « usine à gaz » de défense contre ses pensées inconscientes qui entravent les capacités cognitives et psychoaffectives durant toute la vie ? Certes, c'est angoissant de voir son enfant incapable de se rendre à l'école. Il devrait bien aller, à son âge, et l'école est obligatoire ! Mais n'oublions jamais que si le nécessaire est fait grâce à la psychothérapie bien menée, il tirera bénéfice de ce moment d'angoisse pénible. Il ne s'agit pas de « ce qui ne tue pas rend plus fort », mais de lever des entraves, d'identifier des traumatismes et de les solder pour s'ouvrir au monde.

Dire et agir : prévenir le risque suicidaire

Tout indice ou propos qui évoque un risque suicidaire est à prendre au sérieux car le passage à l'acte d'une personne adolescente ou préadolescente est brutal et difficile à prévoir. Il faut donc y prêter une attention particulière, se rendre disponible et prendre soin de son mal-être, de sa souffrance.

Si cela est possible, et en choisissant le bon moment, on doit en parler sans s'affoler. C'est le meilleur moyen de repérer s'il s'agit d'un appel pour être écouté en suscitant l'intérêt, ou si le danger est imminent. C'est aussi le meilleur moyen de ne pas faire du propos suicidaire une arme pour contrer les nécessités éducatives.

S'il s'agit d'un appel, il est crucial d'aider le jeune à exprimer, sans juger son attitude ni ses propos, sans l'interrompre pour se rassurer car c'est trop difficile à entendre, sans l'interrompre pour le rassurer avant même de l'avoir compris.

Si le danger est assez imminent, notamment si les idées suicidaires s'associent à des attaques du corps, scarifications, mutilations, cela relève du médecin traitant ou des urgences pédopsychiatriques.

Obliger un jeune à retourner à l'école sans avoir bien compris le motif de son blocage et commencé à résoudre son problème, accroît le risque de passage à l'acte suicidaire. Mais le laisser s'enfermer dans sa chambre et progressivement se désocialiser comporte le même risque à plus ou moins long terme.

Je ne peux pas te le dire

Tom, 10 ans, en CM2, ne peut plus et ne veut plus entrer dans son école. Dès qu'il s'est approché, il est entré dans une crise spectaculaire, avec des cris et des gesticulations. Le père s'est énervé, l'a tiré de force. L'enfant, hors de lui, l'a tapé, a hurlé jusqu'à ce que les parents, excédés, renoncent. La scène s'est répétée plusieurs jours de suite, de plus en plus forte jusqu'à se pâmer. Face à ce blocage total, les parents, très occupés sur le plan professionnel, l'ont confié à la grand-mère. Tom a beaucoup dormi, pleurant à chaque réveil, consolé par sa mamie. Lorsqu'il est rentré à la maison, le père l'a privé de tous ses jouets et lui a tenu des propos dévalorisants, allant jusqu'à lui dire qu'il n'était pas digne d'être son fils, que c'était un bébé… ce qui, bien entendu, n'a fait qu'aggraver la situation. De son côté, la mère a tenté de parler avec son fils sans succès. Lorsqu'elle a insisté, il a lâché un *je ne peux pas te le dire*. C'est dans ce contexte délétère que je suis amené à recevoir l'enfant et ses parents après un essai de soin chez une psychologue qui s'est soldé par une rupture car le père n'a pas supporté d'être mis en question. La mère est venue seule avec son fils, désolée de ce blocage et de l'attitude négative de son mari.

Trois éléments m'alertent : le blocage scolaire avec panique, l'agressivité sans parole et la violence du père face à son fils en difficulté. Lors du premier rendez-vous, la mère expose le contexte familial et professionnel difficile et la forte tension entre les parents, en précisant :

« Je ne peux pas parler devant Tom.

Ce à quoi je réponds :

— Alors, ne vous étonnez pas qu'il ne puisse pas vous parler.

La mère insiste sur le trouble de Tom.

— Il est devenu agressif, lui habituellement si gentil, et a pris des manies.

Il a contracté une compulsion de lavage des mains vingt fois par jour.

— Si on l'empêche de le faire, il tape des crises.

L'enfant est tendu, agité et triste. Il ne dit rien, observe sa mère et soudain, en pleurs, explose :

— Vous savez rien de moi, vous comprenez rien, je veux partir d'ici.

Alors je dis :

— Ta mère va aller dans la salle d'attente car tu as besoin de parler mais pas n'importe comment. Rassure-toi, je respecte les secrets. »

Il refuse et nous prenons donc rendez-vous, ce qu'il accepte, juste après les vacances d'hiver qui commencent. J'insiste auprès de la mère pour qu'elle prenne le temps de parler avec son fils et que l'on cesse les privations et punitions qui ne font qu'aggraver le problème. Quelques jours après, je reçois un appel du père qui demande avec véhémence pourquoi je n'ai pas posé de diagnostic et pourquoi je n'ai pas prescrit un traitement à son fils. Nous en restons là.

Malgré tout, Tom vient à son rendez-vous aussitôt la rentrée scolaire, qu'il ne parvient pas à faire. Je lui demande s'il a réussi à parler avec ses parents. Il répond :

« Euh, oui, ils m'ont dit que ça n'allait pas entre eux, que papa était en colère contre maman qui avait eu une aventure. Elle a dit que c'était fini. Je les ai entendus se disputer, il la traitait de pute. Ils ont leurs problèmes et ils ne s'occupent pas de moi, alors ce n'est pas la peine, je ne peux pas leur parler.

Il explique que depuis les vacances il est moins angoissé, a réduit ses rituels de lavage, même s'il en a toujours besoin.

— Il va falloir que tu réussisses à me dire pourquoi tu en as besoin !

— Mais vous n'en parlerez à personne, je pourrai vous faire confiance ? »

Le respect du secret est crucial car il est proche d'une révélation pénible. Il me raconte qu'en récréation les méchants de sa classe l'ont coincé dans les toilettes et l'ont forcé à se déshabiller en se moquant de lui. Ils sont partis en lui disant : *Si tu le dis, on te tue.* Tom est resté avec cette humiliation et la peur au ventre car impossible d'en parler sous peine de représailles et de crainte que les sévices se répètent. Sa fuite de l'école pouvait le protéger mais l'indisponibilité et la tension des parents n'ont pas permis de créer les conditions pour en parler, c'est-à-dire une attention affectueuse, la garantie du silence et la protection pour se sentir en sécurité.

Tom est soulagé de m'avoir parlé sous le secret mais il n'est pas possible de passer ces agressions graves sous silence, ni à l'égard des parents, ni à celui de son école et de la loi. La suite, ce fut donc de déculpabiliser Tom, de le libérer de la honte, à replacer sur ses agresseurs, de prendre le temps de parler de son vécu corporel, de la sexualité et répondre à ses questions qui étaient d'autant plus naïves qu'il n'avait jamais parlé de cela avec ses parents. Restait à le convaincre d'en parler et ne pas laisser les choses en l'état. Je lui pose la question :

« Est-il possible de retourner à l'école sans le dire et sans assurer ta sécurité ? Je ne crois pas. Les garçons qui t'ont agressé doivent être sanctionnés et tu dois être protégé ».

Or, Tom veut y retourner mais il veut aussi que justice soit faite, son agressivité en témoignait dès le premier contact. Il accepte que nous en parlions avec sa mère, mais me demande de le dire sans lui à son père qu'il redoute, ce que je fais non sans mal mais avec un beau résultat. Le père comprend son erreur éducative et affective. Il entreprend, outre de parler avec son fils et de s'excuser auprès de lui, de tout mettre en œuvre pour régler l'affaire et le protéger. La mobilisation des parents est complétée par celle de l'école qui assure pleinement sa tâche auprès des agresseurs, de leurs parents et sanctionne comme il se doit. Tout cela permet que Tom retourne à l'école, avec anxiété dans un premier temps, mais, encouragé et valorisé, notamment par son père, il reprend sa place, la tête haute.

Ce dénouement, presque idéal, est malheureusement loin d'être la règle. L'école a encore la fâcheuse tendance à banaliser les faits d'agression. La victime n'est pas considérée et parfois obligée de quitter l'établissement scolaire avec une triple peine : l'injustice, la honte et l'exil. Au passage elle perd ses amis, l'estime de soi et sa dignité, empêchant un développement psychoaffectif harmonieux. Même si ce dénouement est positif pour Tom, il en gardera une empreinte indélébile. Il faudra veiller à ses effets, notamment à l'adolescence, dans son épanouissement narcissique, amoureux et sexuel. Les réflexes de dépréciation, le fond anxieux et l'insécurité sont sources de dépressivité. C'est aussi vrai pour le racket, les trahisons et humiliations venant de professeurs et d'élèves ainsi que pour toutes les situations traumatisantes même si la gravité des conséquences dépend en partie de la vulnérabilité et de la fragilité de l'enfant, de son contexte de vie et du recours familial. Les parents ne doivent jamais banaliser ces agressions et, à la fois, ne pas piéger l'enfant dans une position de victime face à tous les autres qui seraient des méchants. Le renforcement narcissique par la valorisation de leur enfant doit s'associer aux actions pour le protéger dans la vie sociale, et donc au sein même de l'école.

Dire et agir : écouter son enfant avant de lui parler

Si les parents veulent obtenir un échange de qualité avec leur enfant, cela nécessite en premier lieu d'apprendre à l'écouter, même si ses propos dérangent, s'ils mettent en cause l'éducation, s'ils se plaignent d'un manque d'amour, d'attention, s'ils paraissent de mauvaise foi ou très enfantins, voire abusifs dans leur façon de critiquer.

Dans cet échange, il faut créer un espace de discussion suffisamment proche pour se confier mais pas trop afin de ne pas faire intrusion violente dans l'intimité de l'enfant. Par exemple, il sera plus productif de parler côte à côte en regardant les étoiles qu'en serrant son enfant dans ses bras. Le câlin est un temps, la parole libre, souvent un autre.

Afin de garantir la qualité de cet échange, il faut savoir laisser parler l'enfant, tenir sa langue et respecter le secret de ce qui a été confié. Si cela doit être révélé pour agir dans son intérêt car il est victime de quelqu'un ou de quelque chose, ce afin de le protéger et de le défendre, il faut le faire en toute transparence avec lui. Donc il faut le préparer, le convaincre du bien-fondé de cette démarche. Sinon, il le vivra comme une trahison.

Si la parole libère, ce qui en général est vrai, ce n'est ni immédiat ni systématique. Une élaboration psychique et une réparation narcissique sont parfois nécessaires avant de surmonter l'angoisse et le blocage scolaire et relationnel. La qualité de l'échange est un facteur de réussite de cette reconstruction psychique qui transforme l'enfant-victime en un enfant-acteur dans sa relation avec les autres.

Je ne veux pas te laisser

Lana, 13 ans, consulte avec sa mère à la suite d'une information préoccupante au centre de recueil du département, car elle est déscolarisée sans motif médical depuis trois mois. Jeune fille immature, elle fixe sa mère à chacune des questions que je lui adresse. A-t-elle peur de parler ou lui faut-il une autorisation de la part de sa mère ? Celle-ci l'invite à raconter pourquoi elle ne parvient plus à se rendre au collège après avoir, dans un premier temps, refusé le bus scolaire puis la cantine, jusqu'à manquer de plus en plus souvent les cours et rentrer chez elle pour s'y réfugier. Sa mère ajoute que, la voyant aussi mal, elle ne la forçait pas à y aller. Son médecin traitant avait établi un certificat médical d'absence sans préciser la date de reprise, d'où cette absence prolongée sans autre justificatif. Au début, sa copine lui apportait les cours et les devoirs mais, sa mère ne la poussant pas, elle ne s'était pas mise au travail. De son côté, la mère n'a pas d'emploi et passe une grande partie de la journée devant la télévision avec sa fille. Toutes deux, lovées dans le canapé, regardent des séries, des films et des émissions de téléréalité. Elles ne voient pas le temps passer, comme la mère me l'explique pour se justifier de n'avoir pas lutté contre cette déscolarisation, en fait une désocialisation commune à elles deux.

J'en apprendrai plus en recevant Lana seule. Sa tendance anxieuse s'est accrue lors de la puberté. Belle fille, les garçons la collaient et lui faisaient, comme c'est souvent le cas, des réflexions sexuelles déplacées sur sa féminité émergeante. Elle s'est sentie harcelée. Prise de bouffées anxieuses, elle a cherché à fuir cette situation à laquelle elle n'était pas préparée, se vivant encore petite fille qui aimait juste partager des plaisirs enfantins avec ses copines. C'est à cause de cela qu'avec l'accord de sa mère elle a fui les situations où le contrôle des maltraitances n'était pas réellement assuré : le bus scolaire et la cantine. La mère n'a fait aucune démarche auprès du collège pour se plaindre et protéger sa fille. Quand je m'en étonne, Lana explique qu'en fait il n'y a pas que le harcèlement. Le vrai problème, qui l'inquiète énormément, c'est sa mère qui ne va pas bien. C'est la raison pour laquelle sa mère n'a pas réagi. Lana ne veut plus la laisser seule, craignant qu'arrive un drame. C'est pourquoi elle reste avec elle, de peur de ne pas la revoir en revenant du collège. La mère devient de plus en plus alcoolo-tabagique et glisse dans l'apathie dépressive depuis que son conjoint l'a quittée il y a six mois. Lana n'appréciait pas cet homme qui humiliait sa mère et ne se cachait pas de la tromper. De plus, elle avait peur qu'il l'embête car il la collait aussi. Après la séparation, elle s'était réjouie de se retrouver avec sa mère jusqu'à cette dépression. Ce refus scolaire anxieux était bienvenu, lui permettant de prendre soin de sa maman et de la surveiller. Le cumul de ces deux motifs, fuir le fait d'être harcelée à cause de sa féminité et s'inquiéter pour sa mère dépressive, explique l'anxiété, le refus scolaire mais aussi le repli du couple mère-fille en mode survie.

Tout cela a abouti à un blocage liant la déscolarisation et le désintérêt pour la chose scolaire, renforcé par l'apathie maternelle : mère sans emploi, fille sans école. Lana a fini par me dire : *Je ne veux pas grandir, je veux rester tout le temps avec maman*, propos à double détente : je ne veux pas grandir car je ne veux pas être maltraitée, je ne veux pas vivre ce que ma mère a subi, et je voudrais ne jamais la quitter ni la perdre, ce que je risque car elle n'est pas bien.

Je lui fais part de ce que j'ai compris, elle répond : *Être une femme, vous ne vous en rendez pas compte, c'est une vraie galère.* J'acquiesce, car son propos est juste, et nous convenons de nous rencontrer à nouveau. Je propose à sa mère d'être soignée par une de mes consœurs, sa fille ajoutant, pour la convaincre, que si elle ne va plus au collège, c'est qu'elle ne veut pas la laisser de peur qu'elle se suicide. Ce propos, très mature de la part de sa fille, produit un effet choc sur la mère qui promet de se soigner à condition qu'elle retourne au collège, ce à quoi Lana répond intelligemment qu'elle retournera au collège quand sa mère aura commencé à se faire soigner. On sourit, on plaisante, cela progresse.

Dans les semaines qui suivent, sans activer un retour au collège car les vacances d'été arrivent, je centre le soin sur le refus, la peur de grandir de Lana, travaillant avec elle sur ses causes multiples, dont le rejet de sa féminité lié à l'attitude blessante du harcèlement sexuel des garçons de son collège, lié aussi à la perception qu'elle a de l'homme, après avoir assisté au comportement humiliant et violent du compagnon de sa mère et avoir eu peur qu'il ne s'en prenne aussi à elle. Elle refuse de devenir jeune femme et fait en sorte de ne rien montrer de féminin jusqu'à se neutraliser dans des vêtements informes et tenter de s'enlaidir. Elle grignote devant la télévision sans prendre soin de son corps ni même s'habiller. Elle porte de vieux *leggings* troués, un *sweat-shirt* délavé, y compris pour venir en consultation. Elle a, dit-elle pour se justifier, beaucoup grossi, donc ses vêtements ne lui vont plus. Visiblement, le laisser-aller de la mère déteint sur elle. Tandis que la mère abuse d'alcool et de tabac sans se nourrir, elle devient boulimique. Je les alerte, car elles doivent prendre conscience de ce glissement inquiétant, disant qu'elles sont captives et qu'en guise de prendre soin d'elles elles plongent toutes les deux jusqu'à s'isoler et aller vers leur perdition.

Redoutant l'enquête des services sociaux qui se profile à la suite du signalement, la mère a enfin entrepris des soins tandis que Lana décide de retourner à l'école avant même les vacances, mais elle a très peur. Rassurée de voir sa mère réagir, elle s'apaise et reprend ses esprits. Elle constate l'ampleur des dégâts : son corps de jeune adolescente devenu informe à ses yeux. Je préfère l'exempter d'une reprise trop précoce afin que tout puisse se passer dans de bonnes conditions. En effet, pour l'instant, la psychothérapie ne lui a pas permis de retrouver une confiance en elle ni la capacité à affronter des relations au sein du collège. Visiblement soulagée, elle franchit une nouvelle étape en m'expliquant que son père était parti alors qu'elle n'avait que 3 mois. Elle ne savait rien de lui, sa mère ne lui en parlait jamais. Lana n'osait pas poser de questions de peur de la blesser et de la rendre triste. *Je voudrais juste savoir qui c'est, mais pas le rencontrer, surtout que ça doit être un homme aussi nul que les autres.* Elle le craint car elle voit en sa mère une femme qui a toujours été maltraitée par les hommes. Elle ajoute : *J'aimerais avoir un père comme vous, qui m'écoute, qui me protège et qui veut que je me respecte,* un propos qui signe un moment fort de la psychothérapie et de son étayage narcissique.

Il a fallu tout ce parcours avant que Lana puisse évoquer la question de son père. Elle a commencé par prendre soin de son pilier, sa mère, incapable de le faire par elle-même, afin de ne pas perdre la seule personne censée la protéger. Sa déscolarisation a permis qu'elle reste auprès d'elle, captive tout en se croyant attentive. Elle a pris conscience de l'argument de son refus de grandir, sensé et justifié, pour ne pas devenir l'objet harcelé par les adolescents du collège mais aussi pour ne pas quitter sa mère. La véritable raison

1 - C'est pas que j'veux pas, c'est que j'peux pas

est qu'en fait sa construction psychique était en quête d'un modèle protecteur afin de la guider dans son développement de femme, dans ses relations sociales et psychoaffectives. Ce n'est auprès ni de l'ex-compagnon de sa mère ni de sa famille, éparpillée et disloquée par des conflits, qu'elle pouvait le trouver. Après l'avoir compris en s'appuyant sur le transfert thérapeutique, elle s'est permis timidement de critiquer l'attitude de sa mère, qui l'avait privée d'un père et, pire, ne lui avait jamais rien dit sur ce géniteur.

Protéger sa mère était une formation réactionnelle pour ne pas laisser transparaître la rancœur et l'agressivité qu'elle éprouvait, sans le savoir, à son égard. Mise en confiance dans la psychothérapie, elle a pu exprimer son ambivalence à l'égard de sa mère. Sans lui en faire grief, elle mesurait sa défaillance et son égocentrisme. Grâce à mon aide, elle a enfin exigé que sa mère lui dise en ma présence qui était son géniteur, ce qu'elle savait de lui, et lui a demandé l'autorisation de prendre contact avec lui, tout en précisant que ce n'était pas la trahir et surtout pas en faire un père puisqu'il l'avait abandonnée. Lana a profité des vacances pour rechercher ce père et, comme c'est malheureusement souvent le cas, elle s'est retrouvée face à un homme qui avait refait sa vie. S'il a accepté de la rencontrer, le courant n'est pas passé entre eux. Elle n'a pas cherché à le revoir, lui non plus, mais, fière et apaisée d'en avoir fait la démarche, elle a pu de nouveau prendre soin d'elle, s'habiller, se faire belle, s'affirmer face à sa mère qui allait mieux grâce au suivi psychiatrique. Elle a aussi renoué avec une cousine.

Au terme de son engagement et de ses efforts, elle s'est sentie capable d'affronter le regard des autres élèves qu'elle voyait désormais comme des adolescents mal dégrossis. Elle savait qu'elle ne se laisserait pas avoir par les hommes, qu'elle ne suivrait pas le chemin de sa mère mais elle envisageait tout de même de rencontrer un jour *un garçon intelligent*. L'enquête sociale n'a pas eu le temps de se mettre en place qu'elle avait déjà repris le collège dès la rentrée.

Dire et agir : attention, une cause peut en cacher une autre

Si le motif mis en avant (pour Lana, le harcèlement scolaire sexuel et sexiste) a son importance du fait de sa dimension traumatique, il peut toujours en dissimuler un autre. Pour être efficace dans l'accompagnement, les parents et le psy doivent toujours avoir à l'esprit la complexité des situations.

Si l'aide apportée se limite à une technique pour renforcer le moi et ses défenses par une sorte de psychoéducation, le risque est de rester sourd à la difficulté à se construire inhérente à un trouble affectif parfois très enfoui. Ce trouble ne se résout pas à coup de conseils ou de rééducation des pensées parasites.

Parents et professionnels doivent prendre le temps d'écouter et insister pour découvrir ce qui se cache derrière ce qui se voit et qui se montre. Le refus scolaire anxieux est un symptôme, un appel et une souffrance. Cela oblige à identifier et traiter en profondeur la crise souvent prise dans une dualité intérieure. Sans cet effort d'approfondissement de la causalité, le risque est de compromettre la vie et la réussite de l'enfant à long terme.

Le retour à l'école ne signifie pas que tous les problèmes sont réglés. Certes, c'est une étape heureuse, mais seulement une étape. Mieux vaut rester attentif, à l'écoute, et poursuivre les soins engagés jusqu'à ce que disparaisse l'anxiété et que se conforte l'apaisement.

J'ai peur que tu ne viennes pas me rechercher

Un mois après son entrée en CP, impossible pour Jules, 6 ans, de franchir la porte de l'école. Les parents disent qu'ils ont tout essayé avec l'aide solidaire de la maîtresse, le consolant, le rassurant avec douceur puis fermeté. Rien n'y fait, Jules se cramponne à ses parents, que ce soit le père ou la mère qui l'accompagne. Il pleure et se débat, plus encore si on le porte dans l'enceinte de la classe.

I - C'est pas que j'veux pas, c'est que j'peux pas

Contrairement à d'autres enfants apeurés, rien ne parvient à le calmer, les parents doivent le ramener à la maison. La situation est bloquée, il reste donc chez sa nounou, disponible et chaleureuse. Lors de la consultation, j'apprends que les parents l'ont vraiment oublié une fois à la sortie de l'école. Le maître s'impatientait et ils sont arrivés avec une demi-heure de retard. Un moment de tension, l'enseignant a haussé le ton car ils avaient la fâcheuse habitude de venir chercher leur enfant le plus tard possible. Paniqué, Jules a été consolé par sa mère qui lui a promis de ne plus jamais recommencer. Est-ce une raison pour provoquer un tel blocage ? Combien d'enfants sont oubliés à la sortie de l'école et, s'ils en gardent une trace d'anxiété, est-ce pour autant un traumatisme ? Cela ne les empêche pas de retourner à l'école. Je poursuis mon enquête et explore le contexte de ce blocage scolaire avec angoisse.

L'ennui est que les parents viennent en consultation avec le petit frère de Jules, 2 ans, qui mobilise toute leur attention dès la salle d'attente. Ils veulent entrer avec lui dans le cabinet et s'étonnent que je m'y oppose, leur précisant que cela ne concerne que Jules et eux, mais pas le petit frère. Le père reste en salle d'attente pendant que je reçois Jules et sa mère. Elle raconte qu'ils ont tout fait pour le rassurer, se sont excusés, lui ont acheté une nouvelle peluche qui s'ajoute aux nombreuses autres déjà installées sur son lit. La mère est désolée, se culpabilise. Elle ajoute qu'ils ont eu leur fils tard et sont mal organisés, mais ils l'aiment beaucoup. Depuis la crèche, elle reconnaît qu'ils sont souvent les derniers à reprendre Jules, conscients que ce n'est pas bon pour lui, d'autant que, cette année, il y a le stress du CP et les exigences du maître qui, d'après Jules, est sévère. Pour elle, c'est un bon maître, plutôt *cool*. J'interroge Jules qui confirme :

« Il est gentil, mais il crie si on ne fait pas bien.

Il ajoute :

— J'ai un peu peur avec lui, peur de pas y arriver.

La mère ajoute :

— En plus, il faut rester assis et ça, Jules ne sait pas faire.

Il acquiesce d'un signe de tête tout en s'agitant de plus en plus sur le fauteuil à mesure que sa mère décrit sa situation.

Jules commence à s'intéresser à notre discussion quand on évoque la place qu'occupe le petit frère, un peu envahissant aux dires de la mère, qui ajoute :

— Jules est plus sensible depuis la naissance du petit, plus susceptible, alors qu'il n'y a pas de raison, on fait tout pareil pour les deux, et on les aime fort tous les deux, n'est-ce pas, Jules ?

Il grimace, je saisis l'occasion pour lui donner la parole, il ose dire :

— Il est chiant.

Regard noir de sa mère, je temporise, elle reconnaît :

— C'est vrai qu'il est parfois un peu pénible, il prend beaucoup de place, mais toi aussi tu le cherches.

J'insiste auprès de Jules :

— C'est vrai que les petits, c'est souvent comme ça, surtout quand les parents disent que le grand doit montrer l'exemple et être gentil avec le petit car il ne se rend pas compte alors qu'il sait bien ce qu'il fait.

On se comprend, il sourit et se renforce en racontant ce que le petit lui fait subir :

— Il me tape, il prend mes jouets. Quand je les reprends, il se met à pleurer et c'est moi qui me fais attraper.

La mère réagit :

— Tu exagères, tu n'es pas tendre avec lui, toi aussi.

J'ajoute :

— Il a probablement ses raisons de ne pas être tendre avec lui.

La mère :

— Vous avez raison, j'y ai réfléchi ; ce qu'il a vécu à la naissance de son frère ne devait pas être très joyeux. On l'a d'autant plus bousculé que nous avons déménagé en même temps. Son père l'a conduit précipitamment chez les grands-parents quand je suis entrée à la

I - C'est pas que j'veux pas, c'est que j'peux pas

clinique. L'accouchement étant compliqué, il y est resté une dizaine de jours. Quand il est revenu, on était déjà dans la nouvelle maison. On lui avait fait une belle chambre, n'est-ce pas, mon doudou ? mais il n'a pas dû comprendre ce qui lui arrivait. On n'avait pas le choix, il fallait le faire. Tu comprends ça, mon doudou ?

À quoi il répond :

— J'aimais mieux ma maison d'avant et ma petite école. Pourquoi vous avez tout changé ? Je n'ai plus mes copains. Moi, j'ai jamais voulu de petit frère.

S'ensuit un dialogue entre mère et fils durant lequel je n'interviens surtout pas. Elle explique, rassure, lui dit qu'elle l'aime plus que tout… tandis que Jules insiste sur sa nostalgie, appréciant manifestement d'être caressé par les mots de sa mère. Je prends la parole :

— Eh bien voilà, il fallait que tout cela soit dit, le petit intrus, la nouvelle maison, ça fait beaucoup surtout quand on ne comprend pas ce qui arrive. On est abandonné, un peu comme le Petit Poucet. Quand on revient, on a toujours peur d'être abandonné et on est un peu en colère, c'est normal, tes parents t'ont fait une drôle de farce et ils n'ont pas pensé à t'expliquer tout ça.

La mère ajoute :

— Il était très gentil avec son petit frère, on ne s'est pas aperçus qu'il était peut-être triste. On croyait juste qu'il était un peu timide.

J'enchaîne :

— Je crois bien que Jules a fait une petite dépression. Comme il n'a rien dit, cela s'est installé, avec le sentiment d'être délaissé et la peur d'être abandonné encore une fois, d'autant que ses parents venaient le chercher en dernier, ce qui n'arrangeait rien.

Jules embrasse sa mère qui le serre fort dans ses bras. J'ajoute :

— Eh bien, Jules, comme ton papa n'est pas ici, tu lui expliqueras de quoi on a parlé, il faut qu'il comprenne. »

Il faudrait relater en détail ce long entretien résolutif pour en saisir l'importance. Nous avons débobiné l'histoire familiale pour arriver au noyau de l'angoisse, puis commencé à tisser une relation solide à travers les mots, les câlins et caresses entre Jules et sa mère. Ce fut le préalable au retour à une sécurité intérieure d'avant la naissance du petit frère. Souvent, par embarras, par déni, par banalisation ou par peur d'accentuer le mal-être, cela ne se dit pas, ne se pense pas ou si peu car *on s'aime, il n'y a pas de problème*. Il ne s'agit pas d'un manque d'amour mais de repères et de piliers pour construire sa sécurité intérieure afin de pouvoir affronter de nouvelles situations sans l'angoisse d'un abandon ni la crainte du rejet. La confiance en soi passe par la confiance en l'autre, avant tout les parents. Donc si des équivalents d'abandon (oubli à l'école, impression de désintérêt…) jalonnent le parcours et les épreuves que les enfants doivent affronter – ce fut le cas pour Jules même si pour les parents il ne s'agit que d'un problème d'organisation –, ce sera la confirmation pour l'enfant du risque de ne pas revoir ses parents, d'être seul au monde, convaincu d'être mal aimé au profit d'un puîné. Lors des psychothérapies pour phobie scolaire, il arrive souvent que les enfants expriment cette forme d'angoisse difficile à décrypter pour les parents. L'enfant exprime ses sensations et ses sentiments avec les mots dont il dispose. Les parents peuvent ne pas le comprendre, le trouver injuste, de mauvaise foi quand il dit, comme j'entends souvent : *Chaque fois, c'est moi qui me fais punir, lui, vous ne voyez jamais ce qu'il me fait. S'il commence, après, moi, je le tape*, ou : *Il a toujours des cadeaux et moi je n'ai jamais rien*. Bien entendu, il peut s'agir d'un enfant qui veut occuper toute la place, ne rien laisser à l'autre, refuse de partager, nostalgie d'enfant un temps unique, mais cela peut témoigner d'un sentiment d'abandon adossé à des maladresses dont les parents n'ont pas à se culpabiliser. Ils ont seulement à prendre conscience que leur enfant a, de ce fait, l'impression de ne pas compter pour eux. C'est aggravé par l'obligation éducative de pointer et de réprimer les comportements déviants et l'opposition de l'enfant qui n'a trouvé que ce comportement pour exprimer sa plainte, son agressivité jusqu'à parfois mettre en scène un équivalent suicidaire. En général, cela fonctionne, les parents sont affolés et cèdent sur la dimension éducative devant la menace. Cela permet à l'enfant de susciter l'intérêt et, de ce fait, pervertit la relation affective.

Mis en confiance, Jules évoque sa nouvelle école où il ne connaît personne et où il ne parvient pas à se faire des copains. Il reste dans son coin, triste, et pense à ses parents qui lui manquent. Il ajoute que si quelqu'un voulait bien jouer avec lui, il n'y penserait pas. Lors de nos entretiens, je m'aperçois qu'il n'a pas le mode d'emploi pour entrer en contact avec les autres. Sa timidité l'en empêche, il s'isole, ce qui entretient un mal-être et l'attente anxieuse du retour à la maison.

Ce sera la deuxième phase de la psychothérapie, le guider avec l'aide des parents vers la confiance en ses capacités, ses ressources et sa créativité dans des initiatives et des activités partagées. En attendant, fort de l'attention portée par sa mère et son père, il parvient à retourner à l'école. Les parents ont promis que plus jamais ils ne viendraient en retard, ou, en cas de force majeure, ils auront prévenu la maîtresse afin que Jules ne s'inquiète pas. La mère a mis en place un lien symbolique avec lui, un doudou-relais, petit objet glissé dans sa trousse, toujours à sa disposition, une sorte de code à distance qui sécurise leur relation. Le père lui a raconté les difficultés qu'il avait eues, lui aussi timide, à se faire des amis à son âge. Ils ont cherché ensemble des solutions, ce qui a suffi pour que Jules aille vers les autres élèves, réussisse à se faire des copains et consolide ses relations en les invitant pour son anniversaire. Quant au petit frère, il a été doucement mis au pas afin de ne pas empiéter sur l'univers de Jules, notamment ses jouets et sa chambre.

Dire et agir : entendre et résoudre le sentiment d'abandon

Le sentiment d'abandon ne se raisonne pas. Il traverse le corps, tel un déchirement, un vide qui se creuse au cœur de l'être.

Éprouver une angoisse d'abandon est un vrai traumatisme, et donc chaque situation qui le rappelle de près ou de loin réveille une angoisse-signal. Nombreux sont les enfants qui l'expriment à travers la phobie scolaire.

Non seulement il faut la prendre au sérieux, mais rassurer ne suffit pas. Il faut étayer les repères de l'enfant, assurer et renforcer la sécurité affective qui le protège et permet qu'il construise sa sécurité intérieure et sa capacité d'affronter les séparations.

L'enfant va mieux quand il commence à fanfaronner et s'essaie à mettre à l'épreuve ses parents pour qu'ils lui prouvent leur amour. Il devient un peu agressif, encombrant, mais c'est le signe de sortie du mal-être et de la confiance en soi qui se forge. Certains parents s'en plaignent, ils ne sont pas habitués à ce que leur petit les cherche, au sens de demander plus et de les provoquer. Ils doivent faire avec cette étape, en douceur et sans renoncer à leur éducation mais en évitant ce qui peut être interprété par l'enfant comme un rejet, une dévalorisation. C'est une convalescence qui nécessite des précautions afin d'éviter une rechute, celle-ci étant souvent plus difficile à surmonter.

Il est souhaitable, si cela est possible, que l'enseignant et la direction de l'école soient parties prenantes dans cette convalescence : mettre l'enfant en confiance, lui donner des responsabilités dans la classe et faciliter la mise en relation avec les autres grâce à des jeux et au travail partagé. Attention aux mots qui peuvent blesser, l'enfant y est attentif.

Si ces conditions ne sont pas mises en œuvre, on se dirige vers une anxiété résiduelle qui peut s'avérer handicapante, avec inhibition relationnelle, trouble de l'attention et de la mémoire, trouble des apprentissages, dont certaines formes de dyslexie et dyspraxie si la phobie scolaire est très précoce. Parfois, la phobie évolue à bas bruit, dissimulée dans un repli. Cela tend à activer un harcèlement scolaire de la part d'élèves ou d'enseignants maladroits qui profitent de la vulnérabilité de l'enfant masquant sa détresse, y compris à ses parents. Certains troubles prétendument neuro-développementaux correspondent en fait à une anxiété dépressive précoce, et qui passe inaperçue.

Après un épisode de phobie scolaire liée à l'angoisse de séparation, les parents doivent rester vigilants sur leur sollicitude à l'égard de leur enfant mais aussi sur la façon dont il est traité à l'école. L'attention de l'enseignant et l'aménagement transitoire de l'accueil est indispensable mais ne doit pas conduire vers un étiquetage « handicap » et des mesures stigmatisantes.

Ils m'ont fait la honte

Parents, professionnels, restons toujours vigilants car les apparences sont trompeuses. Je reçois une préadolescente, 13 ans, visiblement en rébellion. Elle est accompagnée par ses parents, déroutés, qui racontent la situation intenable qu'elle leur fait vivre. S'ils ont conscience qu'elle souffre, ils ne comprennent pas pourquoi.

« Elle ne va plus à l'école depuis dix mois et ne mange plus, elle a perdu 5 kg depuis l'an dernier, elle se scarifie, menace de se suicider, elle rejette sa sœur, elle nous agresse. Elle a même levé la main sur moi, dit la mère.

— On veut l'aider mais elle refuse de parler, elle hurle, claque les portes et s'isole dans sa chambre. Je l'entends pleurer et quand je viens pour discuter, elle m'envoie balader. Elle ne dort pas la nuit, moi non plus, j'ai très peur qu'elle fasse une bêtise, dit le père.

— Elle ne va plus à l'école depuis le deuxième trimestre de 6e. On espérait qu'elle reprendrait à la rentrée de 5e. Elle a tenu dix jours, on y croyait mais elle a décroché et ne veut plus y retourner. Si j'insiste, elle m'insulte, ajoute la mère.

Pendant que les parents expliquent la situation avec le tact nécessaire car ils savent que leur fille peut partir en vrille à tout moment, j'observe celle-ci, triste et renfrognée. Elle est là contre son gré et a dit à ses parents qu'elle ne parlerait pas, qu'elle *en avait rien à foutre*. Elle est habillée tout de noir, style gothique, avec mitaines et manches longues qui cachent ses marques de scarification. Elle nous jette des regards noirs. La tension, à son comble, est montée à mesure que les parents décrivaient la longue crise qu'ils sont en train de vivre, ajoutant qu'ils sont épuisés. Comme c'était prévisible, elle explose :

— Stop ! Arrêtez ou je me barre. De toute façon, vous ne comprenez rien. C'est vous qui êtes nuls, vous n'avez même pas vu que j'étais trop mal, et même en primaire je me tapais la honte. Ils étaient tous contre moi, vous aussi, et Julie. Oui, je sais que je suis nulle mais ce n'est pas une raison.

Le père tempère :

— Pourquoi tu ne nous as rien dit, on ne peut pas le deviner. Pour nous, tu allais bien. Tu sais que tu n'es pas nulle, tu as juste quelques difficultés en français.

— C'est ça, continue ! C'est toi le pire, tu me traites de boulotte, tu dis que je suis nulle, que je n'arriverai jamais à rien, alors arrête ou je me barre !

Je lui demande si elle veut parler seule avec moi et la réponse ne se fait pas attendre :

— Vous, me faites pas chier, je ne suis pas folle, j'ai rien à foutre ici.

Elle quitte violemment le cabinet et se sauve dans la rue. Le père la rejoint et je continue à parler avec la mère, en pleurs, qui se culpabilise de n'avoir rien vu venir :

— C'est vrai qu'elle a des difficultés, tout a commencé en CM1. Elle a été diagnostiquée dyslexique et dysgraphique. On a fait le nécessaire, elle a pris des cours d'orthophonie. Les devoirs à la maison duraient des heures, comme si elle ne voulait rien comprendre. Elle se butait et cela finissait toujours mal. On s'y est mal pris, c'est sûr, mais dans ces moments-là les mots dépassent la pensée. C'est vrai, son père a été un peu dur avec elle. Il est comme ça, on ne peut pas le changer. On ne s'en sortait pas avec elle. On n'avait pas l'habitude car sa sœur Julie n'a jamais posé de problème, elle est brillante. Je reconnais que ça doit être difficile pour Prune. Elle se compare toujours à sa sœur qui réussit tout et, en plus, qui n'est pas toujours tendre avec elle. On dirait qu'elles se détestent… au fond, je suis sûre qu'elles s'aiment bien. En tout cas, si elle a été harcelée, on n'a rien vu et elle ne nous a jamais rien dit.

J'ajoute :

— Ce n'est pas étonnant, vous voyez, elle se dévalorise et se maltraite. Elle doit avoir honte d'elle-même, ce qui ne date pas d'hier. Je vais la revoir dès que possible, elle est vraiment en souffrance. »

Nous prenons rendez-vous, comme un défi contre son refus que j'ai cru entendre comme un appel à l'aide.

Prune vient seule, je m'étonne.

« Mes parents attendent dans la voiture, c'est mieux, je préfère, je ne veux pas qu'ils entendent ce que j'ai à vous dire.

Manifestement, elle est déterminée à parler et semble avoir préparé ce qu'elle avait à dire. Elle commence :

–Je m'en veux, j'ai jamais rien dit à mes parents tellement j'avais la honte. Ce que j'ai vécu en primaire, c'était vraiment horrible. Ils étaient tous contre moi à m'humilier. Ça a commencé par mon prénom : "T'es qu'une prune, t'as une sale gueule de prune", puis ça a été mon nom qui fait penser au trottoir, les garçons m'ont traitée de pute, ils baissaient ma culotte et me touchaient. J'étais un peu grosse, alors ils m'appelaient "la grosse prune qui suce". Je n'ai jamais osé en parler à mes parents, surtout pas à mon père qui me disait que j'étais boulotte. Vous avez entendu, la dernière fois, ils ont parlé de ma sœur Julie, leur petite chérie. Eh bien, elle, elle m'appelle Bécassine. Ça, ils ne le savent pas, elle le fait dans leur dos, alors je m'énerve et après c'est moi qui prends. De toute façon, ils ne croient qu'elle. Pour eux, je suis nulle et méchante, ils ne veulent pas comprendre. Vous savez, leur histoire de dyslexie, c'est de la connerie. J'étais tellement bloquée que je ne pouvais même pas écrire et réfléchir. J'avais toujours peur de me tromper, je m'énervais grave, genre panique. Je n'arrivais même plus à lire. J'avais honte ! Heureusement, mon orthophoniste était super sympa, elle a compris, elle m'a beaucoup aidée. C'est la seule qui me redonnait confiance. Avec elle, j'étais détendue et j'écrivais bien, mais à l'école et à la maison, c'était la catastrophe. Elle m'a dit que j'étais normale, que j'avais juste très peur. Ça, les parents ne voulaient rien savoir et ne la croyaient pas. De toute façon, ils ne me font pas confiance. Je ne veux plus rester à la maison.

Prune se tait. Elle pleure, je reprends la parole :

— Tu sais, ce que tu as subi à l'école, c'est un vrai traumatisme. En plus, tu n'avais pas de soutien. Le harcèlement, ça détruit, ça fait qu'on a honte de soi, qu'on se replie et qu'on perd ses capacités. On n'arrive plus à rien, tu le dis bien, on a l'impression d'être en faute, d'être une moins-que-rien. C'est une spirale infernale, plus on t'embête, plus tu es humiliée, plus tu te replies, et plus tu as honte, c'est comme ça jusqu'à vouloir te détruire en t'en prenant à ton corps que tu détestes parce qu'on t'a humiliée et parce qu'on a osé te toucher, te salir. Même si on te dit que tu es belle, que tu es intelligente, tu ne peux pas le croire pas car tu ne te vois qu'avec les yeux de ceux qui t'ont traumatisée. Tu vois, c'est triste, tu en arrives même à vouloir en finir avec la vie. C'est ce qui arrive à toutes les personnes traumatisées par la maltraitance d'autres personnes qui méritent d'être condamnées pour ce qu'elles font. Si tu ne peux pas en parler, tu ne peux pas t'en sortir toute seule. Je suis d'accord avec toi, tes parents n'ont rien compris. Je te remercie de m'avoir fait confiance, je vais tout faire pour t'aider. »

La confiance ayant commencé à s'établir avec Prune, je fais comprendre aux parents que, pendant quelque temps, ils doivent rester à l'écart de la psychothérapie. En effet, je suis d'autant plus tenu au secret que leur fille est sur des charbons ardents car ils ont

I - C'est pas que j'veux pas, c'est que j'peux pas

été maladroits, même si leurs intentions n'étaient pas mauvaises. Je leur demande de rester attentifs et valorisants, de demander à Julie d'en faire autant, en lui faisant comprendre que sa sœur est en danger. Ils ont ma promesse que si leur comportement change et que Prune s'en rend compte, nous pourrons à nouveau échanger ensemble et avec elle. Ils acceptent, et cela va faciliter l'évolution de leur fille qui présente une dépression grave associée à un syndrome post-traumatique remontant à l'école primaire. Les symptômes d'autodestruction et les troubles cognitifs, dont la prétendue dyslexie, non validée par l'orthophoniste qui a aussi et surtout joué un rôle de soutien psychologique, entrent dans ce contexte traumatique, y compris de la part des parents sourds et aveugles au mal-être de leur fille, particulièrement le père qui a accentué la dévalorisation. Conscients de la spirale infernale dans laquelle ils sont entrés, eux aussi, ils font de gros efforts et preuve d'engagement pour restaurer une relation de confiance avec leur fille.

Après cette première étape où Prune a pu dire sa souffrance et sa rage désespérée, je lui propose de me raconter dans le détail ce qu'elle a vécu depuis le CE2, tant à l'école qu'avec sa sœur et ses parents. On le sait, aujourd'hui, la majorité des phobies scolaires sont liées à une angoisse de séparation chez les jeunes enfants et à du harcèlement sous toutes ses formes, ensuite, surtout au collège. Pour Prune, et c'est souvent le cas entre les jeunes enfants dont on ne veut pas voir la violence et la méchanceté sauf à y assister en direct, le harcèlement a commencé très tôt. Dans son cas, les effets sont redoutables car ils touchent aux premiers apprentissages scolaires, à la découverte de l'image du corps à travers le regard des autres et à la consolidation narcissique qui permettra d'affronter les obstacles sans les vivre comme des échecs. Prune donne raison à ceux qui l'humilient et même elle en rajoute : *Je suis moche, je suis grosse, je suis bête, je suis nulle. En plus, je suis incapable de me faire des amis. Chaque fois, ils s'éloignent ou me trahissent.* Voilà résumée sa conviction, personne jusqu'à présent n'a pu la convaincre du contraire car même ses parents, agacés par son inhibition et son opposition au travail scolaire, lui ont dit qu'elle n'arriverait à rien, qu'elle était nulle et, pire, ils la comparaient à sa sœur manifestement dénuée d'empathie et toxique, elle aussi. C'est le triste constat de Prune, et aussi un appel à l'aide, comme avec l'orthophoniste. Comment a-t-elle pu supporter tout cela ? Elle m'explique la seule solution qu'elle ait trouvée :

« Comme je n'y arrivais pas, je n'ai plus fait d'effort. En CM1, c'était horrible. J'ai tout lâché et j'étais soulagée de savoir que je redoublais, comme ça je n'aurais plus à les supporter. Alors, j'ai eu un peu de répit mais quand je suis arrivé en 6ᵉ, ça a recommencé avec les mêmes, j'étais la grosse vache, j'étais bête, j'étais une *cassos*, ils disaient que je n'avais rien à faire ici, que je devais aller en SEGPA et plein d'autres choses que je n'ose même pas vous dire tellement c'était dégueulasse. »

Isolée, encore une fois humiliée, y compris par d'autres élèves se joignant à la bande du primaire, elle n'a pas supporté. C'est là qu'ont débuté les scarifications, les idées suicidaires, mais surtout une angoisse qui la prenait au ventre tout le temps, le soir, le matin et la nuit avec des cauchemars de poursuite et d'autres où elle tuait tout le monde, y compris sa famille. Sa rébellion et sa grande agressivité l'ont aidée à extérioriser sa rage et son désespoir et lui ont permis de ne pas se suicider. Mais on n'en était pas loin, comme c'est tristement le cas pour nombre de jeunes adolescents qui, dans ces situations, peuvent brutalement passer à l'acte suicidaire.

Un jour, ayant entendu qu'un jeune Américain avait fait un carnage dans son école où il avait vécu un terrible harcèlement, elle me dit :

« Si je m'écoutais, je ferais comme lui. J'arriverais dans la classe avec ma *kalach* et je les tuerais tous, même les profs, eux qui ne voulaient pas voir quand je me faisais insulter. Pendant que j'y suis, je ferais pareil à ma sœur, comme ça, tranquille ! Mes parents, peut-être pas, j'ai besoin d'eux, même s'ils sont nuls.

Ce à quoi je réponds :

— Je te comprends, il vaut mieux penser ça que de se suicider mais, heureusement, il y a d'autres solutions, car là tu te retrouverais en prison et ce serait encore pire. On va chercher d'autres solutions. »

C'est l'ultime étape thérapeutique. Plutôt que le repli, plutôt que la violence en actes, je propose à Prune de transformer sa rage en une conquête d'elle-même, de sa valeur, de ses aptitudes et de sa créativité qui s'est déjà traduite dans son style vestimentaire et sa capacité à s'exprimer. Cela devient son combat contre les forces autodestructrices qui n'ont fait que prendre à leur compte les attaques venant des élèves, des professeurs, de sa sœur et de ses parents. Prune le saisit comme une revanche, ce qui est radicalement différent d'une vengeance. On peut enfin chercher ensemble ce qui pourra l'aider.

Première décision, plus d'aide ni de contrôle du travail scolaire par les parents, sauf à sa demande. En revanche, une aide régulière par une répétitrice. Elle sait qui proposer à ses parents. Deuxième décision, elle s'inscrira à un cours de *hip-hop*, ce qu'elle a peur de faire tout en en ayant très envie. Troisième décision, elle ne retournera plus dans ce collège qu'elle déteste et qui incarne sa destruction. C'est elle qui en a décidé ainsi, et j'ai ajouté qu'elle pourrait débuter dans un autre collège après les vacances de Noël. Cela lui laisse deux mois pour se préparer et se renforcer. Quatrième décision, elle ne veut ni faire des histoires au collège ni porter plainte car elle ne veut pas *remuer la merde* au risque d'en souffrir. Elle préfère se tourner vers une nouvelle étape de vie, même si elle sait que cela ne s'oublie pas et que peut-être, un jour, elle trouvera la façon de le dénoncer. *Ce serait pire, je préfère ne plus les voir et tourner la page*, propos qui dit la peur de ses harceleurs et l'emprise qu'ils ont encore sur elle, ce qui sera le cas jusqu'à ce qu'elle réussisse grâce à ses expériences de vie, à consolider une valorisation d'elle-même.

Reste à faire comprendre et accepter cela aux parents. Prune choisit de leur en parler en ma présence et avec mon soutien. Dans un entretien familial, nous reprenons tous les éléments importants de la psychothérapie en veillant aux limites du secret, puis dictons les propositions qui sont très bien acceptées par les parents, même s'ils auraient souhaité interpeller le collège, voire porter plainte, ce qu'ils estiment, comme moi, légitime. On convient qu'il sera toujours possible de le faire plus tard à la demande de Prune. Si les parents acceptent ces propositions, c'est que de leur côté ils ont œuvré pour valoriser et mettre à l'aise leur fille. Les relations se sont nettement améliorées, et si Prune met de la couleur dans son style, c'est, raconte la mère, depuis que les deux sœurs sont allées faire les boutiques ensemble : « Je leur ai donné quartier libre et elles ont fait chauffer la carte bleue. Elles sont revenues complices et enchantées. C'est un vrai bonheur pour nous. »

Après ces deux mois à prendre soin de son corps et de sa psyché, sans travail scolaire imposé, Prune, qui avait toutefois ouvert ses livres, était prête à entrer dans son nouveau collège après avoir vérifié qu'elle y allait *incognito*. Comme répétitrice, elle avait choisi une ancienne institutrice, sa voisine, la seule qui, dit-elle, l'ait comprise et soutenue. Coiffeur, esthéticienne pour son acné, bilan avec le médecin traitant et même onglerie, tout avait été fait avec le soutien et la complicité chaleureuse de sa mère et de sa sœur.

Fin de l'année scolaire : Prune semble s'être bien reconstruite, notamment sur le plan cognitif avec une amélioration des résultats scolaires, et sur le plan narcissique avec une valorisation qui, même si elle reste fragile, est sur la bonne voie pour se reconstruire. Chacun est vigilant afin qu'elle ne vive plus la moindre situation de maltraitance, le collège étant prévenu et surtout Prune sachant comment se défendre et se faire respecter. Pour les scarifications, il est difficile de s'en séparer car c'est devenu très addictif mais, après une année, elle commence à y arriver même si l'envie et le besoin, comme pour la drogue, restent à l'affût.

Si le comportement d'un enfant change – repli sur soi, agressivité, baisse de l'intérêt et des résultats scolaires, tristesse, perte d'élan vital –, il faut toujours penser à une situation de harcèlement scolaire car c'est fréquent et cause de nombreux refus scolaire anxieux. Y être vigilant et réagir vite, que cela plaise ou non à l'école, est la meilleure prévention contre la phobie scolaire liée à la maltraitance par des élèves ou des professeurs.

Les questions trop directes et frontales ont pour effet de buter l'enfant dans le silence. Mieux vaut partir du principe qu'il ne sait pas ce qui lui arrive, qu'il s'en culpabilise et en a trop honte pour en parler. La communication empathique de nos intuitions quant à la cause du mal-être peut ouvrir la porte à ses confidences, à condition que le moment soit bien choisi, au calme, sans témoin et dans la garantie du secret bien gardé.

Les attaques du corps – scarification et automutilation – ne font que traduire la grande souffrance qui entame le cœur et le corps de l'être. Face à cela, s'emporter ne peut qu'aggraver la situation. Faire appel à la raison ne sert à rien. Il y a juste à prendre soin du corps meurtri pour tenter de réparer le mal grâce à un pansement réel et affectif, grâce à une forme de consolation de l'être blessé.

Dans l'aide apportée à l'enfant, il faut se mettre au diapason de ce qu'il est prêt à faire pour lutter contre le harcèlement. Intervenir brutalement à l'école ou porter plainte sans qu'il y soit prêt peut le placer en situation délicate qui aggrave son angoisse, même si la menace de représailles ne doit pas dicter une poltronnerie dans les actions à mener. Cela ne veut pas dire qu'il ne faut rien faire, mais le faire avec tact et accord de l'enfant.

Si repartir à zéro, ouvrir une nouvelle page, est une illusion car la blessure psychique ne se guérit pas d'un coup de baguette magique, il est indispensable de tout mettre en œuvre pour y parvenir. Rien ne sert de changer d'école, de couper les liens toxiques et de clore les réseaux sociaux si ce n'est pas proposé en même temps que d'engager une psychothérapie intensive de l'enfant, couplée si nécessaire avec une thérapie familiale.

Une situation de phobie scolaire liée au harcèlement, quel qu'il soit, nécessite de rester attentif à l'évolution psychique et cognitive de l'enfant jusqu'à la fin de l'adolescence, afin de s'assurer que la réparation n'est pas qu'un pansement sur une blessure restée ouverte. Les parents doivent assurer une valorisation et un renforcement narcissique afin de garantir une vraie reconstruction du psychisme de leur enfant.

II - C'est bon, j'arrête, je veux plus !

L'absentéisme scolaire à l'adolescence est aussi considérable que préoccupant. S'il concerne toutes les filières, il est bien plus important dans les sections professionnelles que dans les sections générales et technologiques. Il s'est accru au cours de la pandémie. Environ cent mille élèves en viennent progressivement à décrocher, et cela débute très tôt dans l'année, dès les vacances de Toussaint. Les données chiffrées du décrochage ne se sont pas améliorées malgré les initiatives prises par l'Éducation nationale pour enrayer le phénomène. Elles ont même tendance à augmenter depuis la désorganisation liée à la pandémie et au confinement. Ces données concernent la partie émergée de la population des jeunes en grande difficulté scolaire pour divers motifs : au moins un million et demi selon l'évaluation en 2021 par le baromètre de l'éducation OpinionWay[1], notamment des garçons dont l'absentéisme et le décrochage sont plus importants. Que disent-ils ? *Si on loupe l'école une fois, après, c'est facile, on prend vite l'habitude, surtout qu'on ne suit plus, on décroche, on s'ennuie encore plus, et on finit par ne plus y aller.* Combien de fois ai-je entendu ce genre

---

1. https://etudiant.lefigaro.fr/article/selon-un-sondage-le-decrochage-scolaire-atteint-un-pic-au-moment-des-vacances-de-la-toussaint_d7d793cc-2cd5-11ec-81bc-f04a2133736d/

de propos de la part d'adolescents qui ajoutent : *Même si on me force, je ne veux plus. On ne peut rien y faire, j'en ai plus rien à foutre de l'école, et, de toute façon, c'est trop tard.* Tout cela est dit dans un langage souvent plus fleuri !

Ce glissement de l'absentéisme au décrochage puis à la déscolarisation par le refus sur le mode de l'inertie ou de l'opposition laisse les parents désorientés et impuissants face à la résistance de leur enfant. Quant aux enseignants et à l'administration scolaire, pour des raisons en partie justifiées, ils sont tellement décrédibilisés aux yeux de ces jeunes qu'ils n'ont plus aucun impact positif sur eux malgré les efforts pour les ramener dans les établissements ou pour leur proposer des formations plus adaptées.

L'ennui, comme nous le verrons dans cette deuxième partie, c'est que ce décrochage intervient de plus en plus tôt et concerne des jeunes de collège, dès l'âge de 13 ou 14 ans. Parfois, il suffit d'une bonne écoute et de mesures personnalisées pour rétablir le contact et l'envie d'apprendre, mais plus le décrocheur avance en âge, moins les propositions qui lui sont faites n'ont d'effet constructif.

C'est nul, ça ne sert à rien

Je reçois un adolescent, 15 ans, à la suite d'une altercation violente avec son père, effondré d'en être venu aux mains avec son fils et que celui-ci ait réagi violemment en le tapant. Tous deux regrettent d'en être arrivés à cette extrémité. Ils ne se comprennent pas, ne se parlent plus et la situation est bloquée. Quand il est à la maison, Nathan s'isole dans sa chambre, avec son téléphone, ses jeux vidéo et le casque sur les oreilles. Il ne répond pas aux appels de ses parents, que ce soit le matin pour le faire partir à l'école, ou pour les repas. En fin d'après-midi, il sort et rejoint ses copains pour jouer au foot et pour d'autres distractions. Les parents ne savent rien de ce qu'il a fait lorsqu'il rentre à 23 heures pour passer une partie de la nuit sur ses écrans. Il demande encore à ses parents pour aller dormir chez un copain, mais s'ils refusent il y va quand même, parfois durant un week-end complet. Le père se désole et dit qu'il n'a ni autorité ni prise éducative sur son fils, qui acquiesce et ajoute : *Faut t'y faire, c'est ça les adolescents.* Nathan vit sa vie comme il l'entend et ne souffre de rien. S'il accepte de me rencontrer, c'est pour apaiser son père, plus par opportunisme que par empathie. En effet, le père ayant durci sa condition à la maison, il est dérangé dans son confort. Il tente d'être séducteur avec moi, espérant probablement que j'interfère en sa faveur. Mis à part cette altercation, il n'est ni agressif ni délinquant, il veut juste qu'on le laisse faire ce qu'il veut quand il veut. Il n'a pas de projet, ni l'envie d'en rechercher un.

Je le reçois seul. Il m'explique que ses parents travaillent beaucoup, qu'il ne veut pas suivre leur exemple. Il veut profiter de sa jeunesse : *Le travail, ça ne me branche pas.* Seul à la maison, il est tranquille et fait ce qui lui plaît. Ça l'ennuie quand sa jeune sœur, studieuse, rentre du collège. Lorsqu'il la voit travailler, ça le met un peu mal à l'aise. Je m'interroge, il répond :

« Elle a de la chance, pour elle c'est trop facile, c'est une intello, c'est tout le contraire de moi.

Il semble un peu ému. J'en profite pour lui demander de me raconter son parcours scolaire.

— À l'école primaire, ça allait bien, j'étais plutôt bon. En 6ᵉ, mes parents m'ont mis dans une école privée car ils travaillaient beaucoup. Ils n'avaient pas le temps de me suivre. Je ne travaillais pas beaucoup alors ils n'ont trouvé que ça comme solution. La galère : je n'avais plus de copains et les profs étaient arriérés. Je n'acceptais pas qu'ils me parlent comme à un débile alors j'ai foutu le bordel et je me suis fait virer à la fin de la 6ᵉ. Après ça, je suis allé au collège de mon secteur mais je n'avais plus du tout envie de travailler, je préférais rigoler avec mes copains que j'avais retrouvés. C'est là que j'ai décroché, ils m'ont tellement cassé avant, les profs du privé, que j'étais dégoûté de l'école. J'ai commencé à ne plus y aller. Mes parents ne savaient rien, je partais le matin et j'allais me balader en ville avec un copain qui faisait comme moi. Papa s'en est aperçu, il s'est énervé et il m'a privé de tout. Il n'a pas voulu savoir pourquoi je n'y allais plus. Pour lui, l'école, tu y vas et tu fermes ta gueule. »

Ce que raconte Nathan permet de comprendre comment le décrochage scolaire s'est enclenché. Cela a commencé par un glissement, pour les raisons qu'il décrit, jusqu'à le conduire à la déscolarisation complète depuis plus d'un an. Comme il ne travaillait plus, ses résultats étaient en chute libre. Plus il s'absentait, moins il comprenait, et donc plus il s'ennuyait. C'est une spirale infernale que décrivent ceux qui commencent à décrocher. Cela va très vite et il leur est difficile de revenir en arrière, de se rescolariser. Les critiques et les sanctions de l'établissement scolaire tombent en rafales, ce qui ne fait qu'aggraver son rejet de l'école. Quant aux parents, après avoir tenté de l'aider, ils se sont découragés et ont eux aussi tenté sans succès des sanctions. Arrive un moment où le lycée impose une réorientation qu'il subit. Refusant et ne sachant se projeter au-delà du présent, il est dirigé vers une classe prépa-pro dans le but d'éveiller une orientation professionnelle. Par dépit, espérant qu'il s'y investisse, on le dirige vers la filière sanitaire. Comme c'était prévisible, il ne fournit aucun travail et, très vite, ne va plus au lycée. La situation est bloquée. Il sait ce qu'il ne veut pas : les bancs de l'école, mais ne veut rien savoir de ce qui pourrait s'envisager. *Qu'est-ce qu'ils ont tous à me prendre la tête, je veux qu'on me lâche,* dit-il, paradoxalement en colère, ce qui indique un malaise dans sa fuite.

Au cours de nos entretiens, alors que je prenais soin de ne pas juger son attitude ni de vouloir à tout prix qu'il retourne au lycée, il a donné des indications précieuses pour l'aider. Sa réussite à l'école primaire indique qu'il ne présente aucun déficit, ni intellectuel, ni instrumental, ni cognitif. Il a été dévalorisé par des professeurs pour le moins maladroits, sans avoir de recours, seul dans sa classe et en discorde avec ses parents qui lui ont imposé ce collège privé strict. Il ne leur parle pas, s'isole, s'installe dans une inertie d'opposition d'allure je-m'en-foutiste, qui passe inaperçue, et une conduite d'échec qui lui permet d'aller là où il aurait dû être, dans son collège du secteur avec les copains. C'est là qu'il extériorise son opposition en même temps qu'il trouve les plaisirs adolescents et les distractions. Mais la période dans le collège privé, éprouvante, lui a fait perdre confiance dans ses aptitudes et le conduit à désinvestir les apprentissages scolaires sans se rendre compte qu'il le subit à cause de la dévalorisation. Inconsciemment, il ne veut plus prendre le risque d'un échec et d'en être humilié. La rigolade et la fuite du travail scolaire ont un effet réparateur mais la boucle se referme contre lui : il est sanctionné pour son manque de travail et son comportement jugé inacceptable. L'absentéisme est sa réponse, celle qui le mène progressivement à un décrochage fatal. La réussite de sa sœur ne lui est pas indifférente, témoin sa souffrance masquée par l'attitude je-m'en-foutiste, son manque de désir et son refus de se projeter. Il se défend manifestement contre une dépréciation dépressive. Pour autant, il ne fait pas n'importe quoi, ne tombe pas dans la délinquance, ce qui laisse augurer de la possibilité d'une bonne évolution, mais à quelles conditions ?

C'est là qu'intervient la reconstruction de l'estime de soi et d'une confiance dans ses capacités. Rien ne sert de l'en convaincre, il faut qu'il vive une expérience concrète qui lui donne envie de se relancer dans un projet de vie et de reprendre confiance. On tâtonne entre l'essai infructueux d'un microlycée pourtant très conciliant, un contact sans suite concrète avec les compagnons du devoir car les règles y sont strictes, visiblement trop à ses yeux. Finalement, c'est un ami des parents, vigneron, qui va lui offrir une solution. Le père voyait d'un mauvais œil un avenir d'ouvrier viticole pour son fils mais il s'est abstenu de toute critique, ce qui a sauvé le projet. Nathan a pris plaisir au travail simple et répétitif de la vigne. Plutôt courageux, il a progressivement pris des initiatives, s'est intéressé à la marche de l'entreprise. L'excellente relation avec son patron de stage, prêt à lui enseigner les secrets de la vinification, ont consolidé le choix de cette filière. Grâce à cela, il a pu raccrocher avec l'enseignement par une alternance dans un établissement d'œnologie et viticulture. Le retour dans une école fut délicat, mais alterner entre travail et enseignement concret dans le domaine qu'il apprend à aimer lui permet de réussir ses études et de se projeter dans sa vie professionnelle. Sans l'aide empathique, positive du vigneron, il aurait évolué comme bon nombre de décrocheurs qui ne se *trouvent* pas. Ils vivotent aux crochets de leurs parents puis de la société. Ils évoluent souvent vers la petite délinquance, sans perspective joyeuse pour leur vie, avec un fond dépressif et des conduites toxiques addictives fréquentes qui aggravent la fuite et l'échec social.

Dire et agir : comment venir à bout d'un décrochage scolaire ?

Peut-il raccrocher ? est la question angoissante que se posent les parents d'adolescents décrocheurs. Pour cela, il faut composer avec trois données essentielles :

*La pédagogie, celle des parents et de l'école étant très souvent compromise, il faut se tourner vers des solutions originales, comme celle de Nathan.

*Le désir, car même s'il semble que le jeune décrocheur soit insouciant et bienheureux, au fond, c'est souvent le contraire. Il s'interdit de se projeter. Le désir est paralysé ou se dilue dans l'occupation distractive pour ne pas penser et surtout ne rien anticiper.

*L'autorité, car si, dans un premier temps, celle-ci échoue à imposer la rescolarisation, avec plutôt comme effet d'accentuer l'opposition passive ou agressive, ensuite, elle devient essentielle, demandée implicitement par l'adolescent si une piste intéressante lui est offerte. Qu'il s'agisse d'approche pédagogique personnalisée ou de filière originale : les compagnons de devoir qui sauvent des décrocheurs malgré ou grâce à leurs exigences fortes, un maître de stage dans un métier exigeant, qui le transmet en en donnant l'envie avec fermeté et empathie, ce qui n'est pas donné à tout patron faisant preuve d'autorité.

Il ne faut pas mettre la charrue avant les bœufs signifie que le but premier n'est pas de remettre à tout prix le jeune à l'école mais de situer où, quand, comment s'est installé le décrochage. Cela suppose une qualité d'échange avec l'adolescent pour lui permettre de se sortir de son piège, plus encore s'il est confortable. L'approche familiale, la guidance parentale, la psychothérapie avec l'adolescent, c'est tout cet ensemble qu'il faut pouvoir offrir pour comprendre l'impasse, débloquer le refus scolaire, réhabiliter le projet de vie et, somme toute, redonner la confiance et des valeurs positives au jeune et à ses proches.

Pour sortir du décrochage, il faut aussi que la vie à la maison et en dehors ne soit pas trop confortable et ne pas laisser s'installer l'illusion du toujours-présent-bienheureux. L'autorité bien tempérée est un facteur d'éveil du désir. Elle permet de réaménager un cadre de vie, que cela plaise ou non à l'adolescent décrocheur, mais dans son intérêt. On ne perd pas de vue qu'il doit tenter une expérience constructive. Afin de le décider, il est nécessaire de se montrer solide et chaleureux face à sa résistance, qu'elle soit passive ou agressive. Et si c'est possible, faire preuve d'originalité, en dehors des sentiers battus.

Enfin, il faut le reconnaître aujourd'hui, depuis que l'obligation scolaire va jusqu'à 16 ans et l'obligation professionnelle jusqu'à 18 ans, certains enfants et adolescents ont de grandes difficultés face à l'abstraction de l'enseignement et à sa pédagogie. L'insistance et la rigidité du système normé, l'humiliation délibérée ou maladroite de professeurs, les orientations trop précoces et imposées, l'exclusion sous les formes sournoises de filières dévalorisées : tout cela incite les élèves en difficulté à l'absentéisme, au décrochage et à l'échec. L'Éducation nationale se refuse toujours à des méthodes pédagogiques fondées sur des projets concrets réellement participatifs, sur le partage d'expérience et l'autorité réelle mais autogérée au sein du groupe d'élèves. Si les méthodes Freinet et apparentés ont fait leurs preuves dans la réussite des jeunes et la réduction du décrochage scolaire, pourquoi ne pas les développer plus avant et accentuer l'effort mis, par exemple, sur les microlycées et les écoles de la deuxième chance (voir le chapitre des dispositifs d'aide à la scolarisation, paragraphe « Autres aménagements »).

Je m'ennuie, l'école ce n'est pas pour moi

Ça ne me dérange pas de venir vous voir. Si ça fait plaisir à mes parents, je veux bien… vous savez, je ne suis pas fou ni anormal, j'ai juste plus envie d'aller à l'école. Eliott, 12 ans, m'explique posément qu'il vient parce qu'il ne va plus au collège depuis plusieurs mois, considérant qu'il n'y apprend rien, que les élèves sont immatures et ne pensent qu'au foot et aux jeux vidéo, ce qui ne l'intéresse pas. Ses parents ajoutent qu'il est haut potentiel intellectuel confirmé par un test de QI effectué lorsqu'il était en CE2. Ils acceptent l'idée qu'Eliott s'ennuie car il n'a aucune difficulté scolaire bien qu'ayant sauté la classe de CM1, et que ses occupations favorites ne correspondent ni à celle des autres élèves, ni à l'enseignement proposé par le collège. Il est passionné d'astronomie. Sa culture scientifique hors norme ne l'empêche pas de s'intéresser aussi à la politique. Autant dire qu'il ne trouve pas son compte dans un collège même de bon niveau comme le sien. Conscients de son problème, les enseignants ont proposé un projet d'accueil individualisé très souple dont le but est qu'il ne se coupe pas des relations sociales dans la vie scolaire, qu'il suive à peu près le programme afin de ne pas compromettre l'avenir et son cursus universitaire, mais aussi qu'il se conforme aux règles de l'établissement. Malgré ces aménagements, Eliott n'est pas retourné au collège et il ne travaille que les matières qui l'intéressent, seul dans sa chambre. Pour apaiser ses parents, il a accepté de s'inscrire dans un club où il pratique l'aviron. Il sort volontiers avec eux pour se rendre à des conférences et des expositions. Ses parents ne sont pas inquiets pour son avenir mais embarrassés car il n'entre pas dans le cadre légal de l'obligation scolaire. Subissant la pression du collège, ils sont pris en étau entre le choix d'Eliott qu'ils trouvent logique et la logique d'un collège dont ils comprennent qu'il ne peut s'adapter à une différence si prononcée. Ils ne veulent ni créer de problèmes à leur fils, ni gâcher leurs relations en lui faisant subir un stress inutile. Comme il n'y a pas dans la région d'établissement qui propose un enseignement adapté pour des enfants à très haut potentiel, ils ne voient qu'une solution, un cursus par le CNED, même si le collège n'y est pas favorable. Eliott en accepte le principe et précise qu'il fera le nécessaire pour ne pas poser de problème à ses parents.

Là encore, la situation paraît simple au premier abord : un haut potentiel, le décalage avec les autres élèves, l'ennui et le plaisir d'habiter son univers favori. Ce n'est qu'en recevant Eliott seul qu'apparaît la complexité de son problème.

« Je fais le malin mais j'ai quand même peur des autres qui me critiquent. Pour eux, je suis l'intello, le bébé à sa maman, le ramollo. Tout ça me rend triste. Vous avez été élève, alors vous savez que l'école, c'est la jungle et moi je ne veux pas de ça.

Je le confirme dans ses propos. Il poursuit :

— Je ne vois pas pourquoi je devrais subir ce monde violent et débile, alors que je peux voyager comme je veux dans mes mondes où tout est beau. Je me balade partout avec mon casque virtuel, et là je ne m'ennuie pas. Je vais partout et je n'ai pas peur.

Il ajoute qu'il se documente en astronomie et que grâce à l'immersion virtuelle, il voyage dans l'espace-temps.

— Si vous avez vu le film, c'est un peu genre *Interstellar*, un voyage intergalactique, mais dans le mien, ça se passe toujours bien. Je ressens la contraction et l'expansion de l'espace-temps et quand j'en reviens je sais plus trop où j'en suis. Avec ça, je crois que j'ai compris la relativité et le fait que le temps c'est de l'espace, et que l'espace c'est du temps. »

Je confirme que j'ai été intéressé par ce film et que ce qu'il expérimente semble passionnant. J'ajoute qu'ainsi il risque de se couper un peu plus des autres. Il me démontre aussitôt le contraire, arguant du fait que c'est grâce à cela qu'il peut supporter notre triste monde. Dans nos longues discussions, il a toujours réponse à tout. Outre le plaisir d'échanger avec lui, je suis fasciné par son à-propos. Les parents avouent qu'ils n'en peuvent plus de ses hypothèses et de ses affirmations, mais ils ont confiance en leur fils qui, ils en sont certains, sera un brillant chercheur.

Face à sa situation, je propose à Eliott de le mettre en relation avec un astrophysicien de mes amis afin d'y trouver du répondant et baliser sa pensée scientifique, si toutefois c'en est une. De plus, nous décidons avec lui et ses parents de mettre en place un cursus à domicile avec le CNED tout en maintenant, grâce à l'Apadhe[2], une présence partielle au collège pour deux matières, les arts plastiques et les sciences de la vie et de la terre. Reste à se rapprocher du collège afin d'affiner le plan d'aménagement individualisé. Le retour fait aux parents est une alerte sur les dangers de la déscolarisation et l'hypothèse d'un trouble du spectre autistique d'Eliott. Le professeur principal demande à ce qu'un bilan soit effectué, et, en attendant une éventuelle décision d'Apadhe, il insiste pour que leur fils se rende au collège le plus souvent possible. C'est une véritable obsession des établissements scolaires de vouloir mettre une étiquette de TSA sur les différences, avec la confusion dommageable entre haut potentiel intellectuel, qui n'a rien de pathologique, et un trouble du spectre autistique. De plus, cela ne

---

2. Voir les précisions dans le chapitre « Dispositifs d'aide à la scolarisation ».

tient pas compte de l'effet délétère sur Eliott qui ne souhaite pas subir un nouveau bilan, ni être catalogué « handicapé ».

Bien sûr, le spectre d'une déscolarisation prolongée nous inquiète par le danger d'une désocialisation, d'autant plus risquée que la différence se creuse au fil du temps hors du milieu scolaire. Pour l'éviter, il est indispensable de poser, comme conditions à un cursus à domicile, des initiatives de socialisation dans un domaine de prédilection et des essais de pratiques inédites. Pour Eliott, ce sont les échanges avec l'astrophysicien, l'aviron, la participation à un club d'astronomie et à des activités dans un centre culturel dédié aux mondes numériques. Tout cela s'est mis en place avec un effet positif sur la relation aux autres, tout au moins ceux qui partagent ses affinités et aiment réfléchir.

Dans le même temps, la psychothérapie a permis d'assouplir les défenses psychiques qui se sont mises en place pour protéger Eliott du harcèlement qu'il a subi compte tenu de sa différence, du haut potentiel et de son refus de réagir à la violence par la violence. Il reconnaît que, sous son attitude de *même pas peur, même pas mal*, il avait souffert des propos humiliants des élèves, d'autant qu'il n'en parlait à personne. Sa solution était le déni de sa blessure tout en fuyant les harceleurs, donc le collège. Rappelons qu'un cas de phobie scolaire sur deux après l'âge de 6 ans est lié au harcèlement scolaire. Dans le cas d'Eliott, le rejet de l'école pour un motif d'ennui et de solitude dissimulait un autre motif, l'anxiété traumatique liée au harcèlement.

Après une année de cursus CNED à domicile, les parents ont décidé de déménager et de se rapprocher d'une ville disposant d'un collège alternatif pour des enfants présentant un haut potentiel intellectuel. En effet, l'intégration partielle dans le collège s'est plutôt mal passée : arrêt maladie du professeur d'arts plastiques, puis plusieurs remplaçants auxquels les parents devaient expliquer les absences de leur fils. À quoi se sont ajoutés la stigmatisation par le professeur lors de travaux pratiques de sciences de la vie et de la terre, et le rejet par certains élèves qui refusaient de se mettre en binôme avec lui, continuant à le harceler sournoisement malgré les mesures de protection mises en place. Finalement, après quelques semaines, Elliot n'a plus du tout fréquenté ce collège qui, au passage, n'a ni réagi ni cherché à entrer en contact avec lui, ne faisant que signaler ses absences et exiger des justificatifs que j'ai fournis dans l'intérêt d'Eliott. Aujourd'hui, il s'intègre remarquablement dans son nouveau collège alternatif où le projet pédagogique est réellement individualisé.

Dire et agir : Répondre aux attentes d'un enfant à haut potentiel

Le haut potentiel intellectuel n'est ni un trouble ni une maladie, et encore moins la raison unique d'un échec scolaire et d'une déscolarisation. Il conduit à une différence qui doit être prise en compte dans un projet d'accueil et d'enseignement individualisé. Ce n'est pas parce qu'une école n'est pas en mesure de le proposer ni de protéger d'un harcèlement qu'il faut pointer une prétendue hypersensibilité qui n'est que la réactivité face à un entourage perturbant, ni en faire un trouble du spectre autistique et désigner la différence comme une anormalité et handicap. Les parents doivent veiller à ce que leur enfant ne soit pas catalogué ni jugé, ni l'objet de stigmatisation et de discrimination.

Il ne faut pas craindre de mettre en place un plan pédagogique personnel à domicile si des mesures ne sont pas prises pour aider au mieux l'enfant à haut potentiel à trouver sa place et à bénéficier d'un enseignement adapté à ses capacités. Les pédopsychiatres sont là pour veiller à ce qu'une souffrance psychique ne vienne pas compliquer la différence.

Les parents d'un enfant à haut potentiel ont tout intérêt à se rapprocher d'associations pour les guider dans leurs recherches d'un établissement adapté et de pistes originales pour lui rendre la vie plus agréable et faciliter sa socialisation. Ces associations peuvent aussi les accompagner dans leurs démarches pour concrétiser cette intégration scolaire, notamment sur le plan financier.

Aujourd'hui, il est beaucoup question d'inclusion, de droit pour tout élève à bénéficier d'une place dans un établissement scolaire classique, quelles que soient ses difficultés et ses différences. La réalité est autre : manque de moyens et de formation des enseignants, classes surchargées, manque d'efforts et de sollicitude de la part des établissements. De ce fait dommageable, et si l'établissement scolaire, ce que l'on peut comprendre, n'a pas à faire du cousu main, l'Éducation nationale doit reconnaître qu'elle est inapte à assurer une réelle inclusion de l'enfant différent ou en difficulté. Veillons à ne pas faire peser cette inaptitude sur l'enfant, ne pas le maltraiter ni maltraiter ses parents. Si c'est le cas, il ne faut pas hésiter à se rapprocher du Défenseur des droits.

Je suis trop bien dans ma chambre

Je reçois des parents décontenancés qui ont demandé un premier rendez-vous sans la présence de leur fille, Jade, 15 ans, qui n'est pas retournée au lycée après la période de confinement Covid. Déscolarisée depuis cinq mois et profitant de la situation chaotique des cours en présence ou à distance, elle a réussi à passer entre les mailles du filet durant un an sans se mettre au travail. Elle n'a pas tenu compte des rappels à l'ordre des enseignants. Les parents ne savent plus quoi faire, elle refuse catégoriquement de retourner au lycée. Elle le leur a signifié posément, déterminée, et, lorsqu'ils ont insisté, elle est entrée en crise violente en les menaçant de fuguer. Elle leur a dit qu'ils ne voulaient pas comprendre ce qu'elle faisait depuis le confinement, lui apportant bien plus que le lycée qui ne lui offre rien et n'a aucun intérêt à ses yeux.

La situation est bloquée car ses parents ont peur qu'elle fasse une bêtise, fugue ou tentative de suicide. En même temps, ils constatent qu'elle est très active et créative dans sa chambre, qui est pratiquement devenue un studio d'enregistrement. Je m'étonne, et sa mère, embarrassée, répond :

« J'avoue qu'avec le télétravail, nous étions tous les cinq à la maison, avec ses deux frères. L'organisation était très difficile et, finalement, chacun restait dans sa chambre. On se retrouvait pour les repas, si on peut dire "se retrouver" car chacun était devant son écran et quittait la table précipitamment pour s'isoler de nouveau, nous y compris. Je m'en veux, nous n'avons surveillé que de loin le travail des enfants.

Je les rassure, ils ont fait comme ils ont pu, comme nombre de parents désorientés, angoissés par la situation. Il faut le dire, les belles histoires durant le confinement, si elles existent, ne sont pas la majorité. La solitude, les tensions, voire la violence se sont invitées dans de nombreux foyers désorganisés par l'enfermement et l'anxiété liés tant à la pandémie qu'au confinement.

Le père ajoute :

— Dès que le confinement a cessé, ses deux frères se sont précipités pour retrouver leurs copains, leurs activités et le collège, non pas par passion mais juste pour les revoir. Par contre, Jade a refusé de sortir, excepté pour faire des achats et les balades avec nous. Si on ne lui parle pas du lycée, je la trouve joyeuse, pleine d'énergie et même bien mieux qu'avant le confinement. Elle s'est affinée, elle qui était un peu enveloppée, elle soigne son apparence. Elle est devenue bavarde, curieuse, elle à qui il fallait tirer les vers du nez, timide et plutôt introvertie. Ça nous rassure, et c'est aussi pourquoi on veut à tout prix éviter de la bousculer. Bref, on vient vous voir alors qu'elle va bien et qu'elle n'est pas malade, c'est juste qu'elle refuse le lycée pour se consacrer à son activité. »

Jade accepte de me rencontrer, bien qu'elle trouve cela inutile. Tel est le cas pour les refus scolaires non justifiés par l'angoisse. Elle vient car elle pense que je peux arranger les choses afin qu'on la laisse tranquille.

« Je suis bien dans ma chambre et je ne veux plus retourner au lycée, j'ai autre chose à faire.

Elle m'explique qu'elle a trouvé sa voie et son métier :

— C'est sûr, je n'ai que 15 ans mais maintenant je sais ce que je veux et je suis capable de m'en sortir toute seule.

Puis elle me décrit son activité intense et ce qu'elle a appris durant ces derniers mois :

— Avant le confinement, je me détestais car j'étais grosse. J'avais honte, je me cachais sous mes *sweets*. Quand je me suis retrouvée dans ma chambre, je déprimais, surtout que c'était violent, les *posts* des réseaux sociaux, et je ne pouvais pas en parler avec mes parents. Ils étaient toujours énervés et stressés à cause du télétravail. Je ne sais pas comment ça s'est fait, j'ai trouvé un truc pour réagir. Je suivais depuis quelques temps une influenceuse. Je l'admirais, on a parlé ensemble. Elle m'a fait beaucoup de bien. Un jour, elle m'a lancé un défi : "Tu sais, t'es grave belle, tu pourrais faire comme moi." Au début, je n'y croyais pas, mais en fait c'est ça qui m'a sauvée. »

Jade a commencé à prendre soin d'elle et à transformer son look et son style : régime qui inquiéta sa mère mais qu'elle contrôlait, musculation, gainage, coiffure, maquillage, habillement, tout cela sous le regard bienveillant de l'influenceuse, devenue son amie. Elle a discrètement passé commande de cosmétiques, de vêtements et de matériel vidéo. Elle a ouvert sa chaîne YouTube et réactivé ses réseaux sociaux en les maîtrisant grâce aux conseils de son amie. Elle s'est documentée en informatique, en gestion et en droit sur Internet. « En quelques semaines, j'ai appris bien plus qu'en un an au lycée, grâce à ma pote qui m'a évité de me planter, de me faire hacker et de tomber sur un prédateur. » Très investie dans ce qui est devenu un vrai travail, Jade ne se lasse pas de ce retour sur investissement : on l'aime, on lui dit qu'elle est belle, elle devient même une icône pour certaines filles. Autour de mille *followers*, elle est fière de ce succès en peu de temps, et ne compte pas s'arrêter là. Ce n'est ni une addiction, ni une fuite phobique sociale sur le mode *hikikomori*, c'est une vraie construction narcissique grâce au retour bénéfique sur son image et ses aptitudes dans ce qu'elle s'est montrée à elle-même capable de réaliser.

Comme son amie influenceuse, elle gère sa petite entreprise autour de son image et donne des conseils tout en apprenant de la vie et de ses aléas à travers sa riche expérience. Elle n'en fait pas commerce pour l'instant, mais cela fait partie de ses projets quand elle parviendra à en parler à ses parents. Ils l'entendent rire et ils commencent à comprendre qu'elle ne s'ennuie pas dans sa chambre, mais sans savoir ce qu'elle y fait vraiment. Elle regrette qu'ils ne s'y intéressent pas, qu'ils jugent ce job *a priori* superficiel et qu'ils n'y voient que danger. Elle ne perçoit pas que ses parents sont séduits et même fascinés par la transformation de leur fille et ce qu'elle est capable de créer. Ils ont une peur légitime comme tout parent qui ne maîtrise pas les réseaux sociaux et en connaît les risques réels.

Je suis aussi étonné de constater la maturité et la qualité de réflexion de Jade, qui n'est ni dans l'excès de gestion de son image (maquillage discret, sobriété de sa présentation), ni dans la dérive de toute-puissance narcissique comme y poussent les réseaux sociaux. Pas de sexe, pas de placement produit, pas de complotisme, mais des échanges précieux dont les adolescentes ont besoin, plus que les garçons car elles vivent une mue sociétale où s'opère une évolution rapide dans le statut, la place et l'affirmation des femmes. Si les risques des réseaux sociaux sont réels (cyberharcèlement, incitation à se radicaliser, *fake news*…), si l'addiction au numérique et au virtuel pose un grave problème quant à l'évolution des relations sociales des adolescents et des adultes, reste qu'une utilisation raisonnée et intelligente de ces réseaux ouvre un nouveau champ des possibles, et peut même devenir un recours pour prendre soin de soi, comme c'est le cas pour Jade.

C'est en gardant à l'esprit cet apport qu'il me faut traiter la déscolarisation de Jade sans la heurter ni compromettre ce qu'elle a construit et qui est très précieux. L'année scolaire avançant, nous avons convenu avec ses parents de différer la rescolarisation à l'année suivante et de laisser momentanément libre cours à son entreprise créative et si enrichissante. Je lui demande seulement de réduire son temps d'écran, notamment les heures passées devant des séries et de rétablir des relations dans la vraie vie avec ses anciennes amies ou même ses *followers*, ce qu'elle préfère, afin d'aller plutôt sur un terrain neuf. En somme, elle a bien défendu son choix, telle une femme d'affaires, ce à quoi l'école ne prépare absolument pas, ayant une forte tendance à infantiliser les élèves, les stresser à l'approche des épreuves de contrôle continu, du baccalauréat et de Parcoursup, sans les ouvrir à l'autonomie, à l'autogestion ni à l'aptitude à élaborer un projet de l'ébauche jusqu'à sa réalisation. La seule pédagogue et thérapeute a été son amie influenceuse qui l'a mise en selle dans un projet structurant et formateur. Grâce à ses gratifications sur le plan narcissique, elle a aidé Jade à se construire une image d'elle-même valorisante et à se laisser aller à l'envie d'entreprendre sans pour autant imiter son inspiratrice.

L'année scolaire suivante, Jade doit théoriquement refaire une seconde, elle a 16 ans. Si l'obligation scolaire est levée à son âge, intervient une obligation de formation dont l'intérêt est de ne pas laisser sur la touche des décrocheurs sans diplôme ni formation. Pour Jade, il n'est pas question de retourner au lycée avec des filles qu'elle ne supporte pas, qu'elle trouve immatures et avec lesquelles elle a perdu contact, excepté celles qui la suivent sur les réseaux sociaux. On la comprend, mais il va falloir trouver une solution compatible avec cette obligation. Grâce à la mission locale et à une proposition de stage avec un futur projet d'alternance en informatique ou en gestion, la solution est trouvée.

Aux dernières nouvelles, données par ses parents, leur fille progresse en tant qu'influenceuse et commence à avoir des contrats qui lui apportent quelques revenus. En quelque sorte, Jade est devenue une *self-made-woman* avec un bagage scolaire non négligeable qui lui permet de surfer sur une vague aussi passionnante que potentiellement rentable dans un de ces nouveaux métiers. On peut en discuter l'éthique mais pas la légitimité, car cela est conforme à l'évolution de la société et n'est ni dégradant ni aliénant, à condition d'être vigilant, ce qui est le cas pour Jade, sous l'œil de ses parents qui s'intéressent enfin à ce qu'elle fait et soutiennent son entreprise.

Dire et agir : faut-il accepter qu'il n'y ait pas que l'école dans la vie ?

La scolarité classique, générale ou technologique, n'est pas la panacée. Si les écoles alternatives sont malheureusement rares, les alternatives proposées par certains élèves méritent toute notre attention. Les *self-made-men* et *self-made-women* existent depuis toujours et ont doublement droit au respect, celui d'une voie qu'ils osent défricher et celui d'une histoire qui est souvent un parcours d'obstacles et d'épreuves de la vie.

La pandémie liée au coronavirus a bousculé nos certitudes et nos évidences quant au travail, à la présence scolaire, au sens à donner à son existence, au rapport à soi-même, à son image et aux autres. Le filtre du numérique et de l'activité à distance rebat d'autant les cartes que la crise écologique grave oblige à repenser les déplacements. La décroissance, tout au moins le projet de réduire la croissance anarchique et ses effets sur notre monde qui court au chaos et à sa perte, devient de plus en plus une juste cause que les jeunes ont à défendre. Il est crucial de replacer la course à la performance scolaire dans ce contexte et d'écouter ce que ne veulent plus certains élèves et étudiants, dont les plus diplômés qui se refusent à abonder à un système de consommation à outrance et de saccage de la planète.

La pandémie et le confinement ont produit le pire et le meilleur chez les adolescents. Du repli passif version *hikikomori* à l'organisation autonome de Jade, de la dépression suicidaire à l'épanouissement créatif, c'est l'extinction ou l'expansion des personnalités qui est en jeu. Un adolescent en marge, ce n'est pas que synonyme d'échec et de danger, mais à condition de le guider dans sa quête de lui-même, de ses vraies aspirations et du sens qu'il peut, qu'il veut donner à sa vie.

Sacro-sainte école, peut-on malgré tout apprendre autrement et ailleurs ? Certes oui, ce qui n'est pas orthodoxe, normé, peut être valable, pour preuve les écoles alternatives qui partent du désir des élèves et font confiance à leur capacité à nourrir par eux-mêmes leurs connaissances. La mue sociétale et l'évolution des jeunes doivent inciter l'Éducation nationale à revoir ses conceptions, non pas en ajoutant d'autres algorithmes et contrôles. Il faut partir des aspirations et de la créativité des élèves et des professeurs sans quoi les déscolarisations et le dialogue de sourds actuel ne feront que s'aggraver. Pour Jade, les circonstances ont été des plus favorables mais c'est loin d'être le cas pour le plus grand nombre qui reste sur la touche. On parle des décrocheurs sans prendre en compte le fait que l'Éducation nationale a depuis longtemps décroché des objectifs d'un enseignement pour tous, de la bienveillance et du respect à l'égard d'élèves de plus en plus nombreux à ne pas pouvoir s'adapter à ses pédagogies rigides, abstraites et imposées, sans réel projet de construire l'autonomie des futurs jeunes adultes.

Choisir, comme Jade, une voie alternative à l'école oblige les parents à bien poser les repères afin que leur enfant ne s'égare ni ne se blesse, voire se détruise au contact des autres. Le risque est réel, celui de devenir un objet pris dans l'inflation narcissique qui peut mettre à la merci des prédateurs. Ces repères veillent aussi à un balisage des acquis de l'expérience avec des allers-retours vers une formation en alternance. Cela doit garantir la possibilité de rebondir le jour où la voie alternative ne convient plus ou ne fonctionne plus.

J'en ai rien à foutre, je fais ce que je veux

Il entre dans le cabinet en bousculant sa mère au passage. Qui est-il donc, ce garçon ? Je sens que ce premier entretien ne sera pas facile. Je lui demande comment il s'appelle et pourquoi il vient ici. Hugo, 13 ans, répond, comme je l'entends souvent, qu'il n'est pas fou, qu'il n'a rien à faire ici, que des psychiatres, il en a déjà trop vu. Et d'après lui, ils ne savent que prescrire des médicaments et le placer en foyer, ils ne comprennent rien à rien et ce sera la même chose avec moi. Face à cette agressivité et ses propos grossiers, sa mère tente de le modérer. Il la fixe avec mépris, lui coupe aussitôt la parole et ébauche un geste violent. Elle est dépitée, cherche du regard un appui auprès de moi, impuissante face à ce comportement odieux. Il est trop tôt pour intervenir si ce n'est par une pause silencieuse et un regard en direction d'Hugo, ce qui le pousse à m'interpeller. « Vous aussi vous croyez que je suis fou. Vous allez me shooter comme les autres psys et m'envoyer aux urgences. C'est n'importe quoi, vous êtes des connards. Toi aussi », en s'adressant à sa mère avant de quitter brutalement le cabinet. Je poursuis la consultation avec sa mère. Elle raconte qu'elle a tout essayé, qu'elle n'en peut plus, qu'il est très dur avec sa jeune sœur, qu'il est arrogant avec tout le monde, y compris les professeurs, les éducateurs et tous ceux qui se mettent en travers de son chemin. Il est constamment en révolte et en opposition. Comme il est plutôt intelligent, il trouve toujours les mots qui piquent, ce qui conduit à un rejet par plusieurs écoles qu'il a fréquentées avec le même résultat : exclusion pour troubles du comportement, insolence et violence. Chaque fois, on conseille à la mère de le faire soigner, ce qu'elle a tenté à moult reprises. Des tests ont repéré un haut potentiel intellectuel. Comme seul problème, le neuropsychologue a suggéré, et pour cause, un trouble oppositionnel avec provocation car Hugo n'a eu de cesse de s'opposer à lui et de l'humilier. Le neuropédiatre a confirmé l'hypothèse et lui a prescrit Risperidone, un antipsychotique puissant qui a provoqué un surpoids considérable et une sensation de contention chimique qui, selon la mère, a augmenté sa révolte allant jusqu'à la haine et l'opposition systématique à toutes mesures éducatives. Le placement en ITEP, institut thérapeutique, éducatif et pédagogique a permis à la mère de respirer un peu et de s'occuper de sa fille, sacrifiée à cause de la mobilisation autour de son fils.

Hugo a supplié sa mère de le sortir de l'ITEP et d'arrêter de médicaments, avec moult promesses et un savoir-faire séducteur, ce qu'elle a accepté en posant ses conditions de respect des règles à la maison et à l'école. Hugo était-il convaincu qu'il y parviendrait en promettant de les suivre ? En tout cas, dès la rentrée scolaire, à la première remarque d'un professeur, il s'est emporté, a quitté le cours et est reparti chez lui. Depuis, il refuse de retourner au collège, ce depuis plus de trois mois. Il passe son temps entre les jeux vidéo dans sa chambre et les copains du quartier avec quelques accrochages, mais sans gravité. Sa mère ne peut rien lui dire, elle a choisi l'apaisement en renonçant à l'éduquer et à lui faire appliquer les règles de savoir-vivre, de participation à la maison. À ces conditions, il est plutôt serviable et s'occupe parfois de sa sœur, même s'il est toujours violent avec elle. Il parle avec sa mère qui se dit épuisée par son argumentation intelligente mais qui ne supporte aucune contradiction. Elle fait semblant de l'écouter ; lorsqu'il s'en aperçoit, il se met en colère. Malgré cela, l'atmosphère s'apaise jusqu'à ce que la déscolarisation conduise les services sociaux à intervenir à la suite d'une information préoccupante pour un absentéisme prolongé sans justificatif médical et des propos racistes à l'égard d'un élève étranger. C'est la raison pour laquelle la mère a sollicité une consultation auprès de moi, avec l'espoir de tomber sur un psychiatre qui saurait comprendre et aider son fils, l'aider elle aussi face l'enquête éducative décidée par le juge. Elle voudrait me faire confiance mais elle n'y croit pas trop, au vu des expériences précédentes qui ont plutôt aggravé la situation. Non pas qu'elle le reproche à ces praticiens, mais elle est persuadée qu'Hugo est ingérable et finira mal. Voilà donc le défi posé : pourquoi sa révolte, son opposition systématique, son refus de l'autorité, et comment s'y prendre pour la dénouer ?

Face à cette menace des services sociaux et le risque d'un nouveau placement, Hugo accepte de venir me rencontrer mais en posant ses conditions : ni médicaments ni tests. Quand je l'interroge sur son refus de retourner au collège, il est sur la défensive :

« J'en ai rien à foutre, je fais ce que je veux.

À quoi je réponds :

— Sais-tu vraiment ce que tu veux ?

— En tout cas, pas d'être ici, je déteste les psychiatres, ils croient tous que je vais mal alors que je vais bien. »

Hugo est un bunker ultra-défensif mais prêt à réagir agressivement à la moindre tentative d'interroger son ressenti intérieur, probablement par crainte d'être déstabilisé, ce qui semble inenvisageable pour lui. Alors on parle de choses et d'autres : politique, science-fiction, écologie... Je constate que son intelligence est limitée par sa posture d'opposition défensive systématique qui entrave sa réflexion. Je lui dis qu'il est vraiment dommage d'avoir un raisonnement bébête quand on est intelligent comme lui. Interloqué, il baisse d'un ton et commence à poser des questions sur mon expérience, sur mes enfants et mes passions. Je lui réponds *a minima*, ce qui lui permet de se sentir respecté en trouvant, espère-t-il, quelqu'un digne de respect. Grâce à ses explications, je comprends qu'il s'agit de trouver un père qui tienne la route, solide, le sien étant absent et défaillant. Il a quitté le domicile familial quand Hugo avait 2 ans, sans le revoir durant plusieurs années. Il est réapparu quand Hugo avait 9 ans, déjà pertinent et arrogant. Face à ce fils qui lui reprochait sa défaillance, le père n'a plus jamais donné signe de vie, ce qui a eu pour effet une répétition d'abandon sans espoir ni illusion, sauf à répéter sa situation de rejet en espérant secrètement que quelqu'un sera un jour capable de relever le défi et de ne pas le rejeter. Ce n'est qu'après avoir vérifié que je pouvais tenir cette place qu'Hugo a commencé à baisser les armes et à pouvoir exprimer sa sensibilité, sa douleur intérieure, sa tristesse jusque-là bien dissimulée derrière son comportement d'opposition révoltée. Les traitements et les placements n'ont fait, bien entendu, qu'aggraver ce vécu de rejet, d'abandon qu'il rejoue aussi en permanence avec sa mère. Il espère qu'elle ne le lâche pas comme les autres l'ont fait, et pour cause, puisqu'il fait en sorte de se faire rejeter. Il referme ce cercle diabolique sur lui-même, et c'est cela qu'il faut réussir à ouvrir.

Je m'empresse de compléter l'accompagnement par celui d'un éducateur exerçant en libéral, dont je connais l'engagement, la bienveillance et la fermeté afin d'aider Hugo et sa mère, et de neutraliser en l'anticipant, si cela est encore possible, l'intrusion des services sociaux qui risquent de répéter, par les contraintes éducatives, la maltraitance à laquelle les poussera Hugo. Puis, je complète la sécurisation et la protection d'Hugo en mettant en place un cursus à domicile par le CNED. Il l'accepte sans promettre qu'il le suivra. L'ensemble de ces actions porte peu à peu ses fruits à condition d'une certaine patience et persévérance dans l'accompagnement d'Hugo, de sa mère, sans oublier sa sœur qui est rudement mise à l'épreuve par le comportement de son frère. La mise en place d'un nouveau cadre éducatif avec la restauration de l'autorité maternelle, ce fut l'affaire de l'éducateur qui a en quelque sorte tenu une fonction de père de substitution, y compris pour la mère dont l'histoire était aussi marquée par la maltraitance paternelle. Celle-ci s'est répétée avec le père d'Hugo, puis avec Hugo, lui-même rejouant la maltraitance.

Alors je me pose une question : pourquoi ce travail d'élaboration avec Hugo ne s'est-il pas fait lors des précédentes prises en charge avec les psychologues et les psychiatres ? Question naïve, car il faut être motivé, avoir envie de s'engager pour réussir la rencontre vraie, au sens d'une découverte, d'une curiosité et d'une bienveillance sans *a priori* pour comprendre ce comportement répétitif d'échec, de provocation et de rejet de la part d'un enfant à première vue détestable. En fait, il masque sa souffrance derrière son arrogance d'autant plus insupportable qu'il y met toute son intelligence.

Face à cela, les dispositifs d'évaluation et de diagnostic livrent leur réponse en forme de stigmatisation répressive. Ils reposent sur des catégories dans lesquelles l'enfant est casé, sans que soit pris en compte le fond du problème. Ensuite, il n'y a plus qu'à appliquer des mesures de rééducation, de placement, et traiter les symptômes dérangeants par des médicaments psychotropes qui se veulent efficaces. C'est ce que vit Hugo depuis plusieurs années, et cette spirale infernale, il faut la stopper. Comment faire comprendre aux professionnels qu'en agissant ainsi ils ne font qu'aggraver les problèmes ? On ne peut pas le reprocher à la direction d'école ni aux enseignants qui ne sont pas formés, n'ont ni le temps ni la disponibilité pour cette rencontre, sauf exception remarquable. En revanche, les soignants sont *a priori* formés pour soigner avec humanité et selon les données récentes de la science. Or, les professionnels du soin neuropsychique se sont saisis de classifications formatées plutôt que de rechercher cette qualité de rencontre d'un enfant, d'un adolescent en souffrance. Leur algorithme ne vise pas à comprendre le jeune en s'attachant aux données récentes de la science et encore moins dans le respect d'une dimension holistique[3] tenant compte de toutes les données du problème de l'enfant. L'algorithme se limite à un axe : trouble, donc bilan, donc handicap, donc rééducation et médicaments. Pour Hugo, le résultat était catastrophique, et le défi pour enrayer la spirale infernale du rejet, énorme. Il n'a pas été soigné mais évalué, jugé, placé en institution et sous contention chimique. Cela n'a fait qu'aggraver sa révolte agressive. Hugo est comme le chien en cage qui enrage, alors on le pique, et, apeuré, en danger, aux abois, il est prêt à mordre quiconque s'approche.

Intelligent, Hugo suit facilement et de loin son cursus au CNED. Il choisit, sous la houlette de son éducateur, de se tourner vers

---

3. L'approche holistique de l'être humain prend en compte l'ensemble des éléments qui constituent son existence : biologique, neuropsychique, socio-familiale et environnementale.

l'urbex, entre sauts et escalade dans la ville. Son embonpoint et son manque de force musculaire l'ont incité à suivre un programme de réhabilitation physique où il s'est remarquablement investi, transformant son corps pataud en un corps d'adolescent suffisamment athlétique pour se réaliser dans l'urbex. La consigne a été donnée à tous les intervenants, dont sa mère, de ne jamais l'aborder frontalement mais de faire appel à son intelligence et à sa réflexion de façon à ne pas réveiller en lui ce fauve prêt à mordre et à ne pas répéter la spirale du rejet. Il n'est donc pas prêt à retourner dans un collège, mais cela n'a aucune importance dès lors qu'il suit le cursus du CNED et qu'il s'épanouit dans des activités socialisantes. Entre Hugo et les personnes bienveillantes qui l'accompagnent, un contrat moral a été passé : respect de la parole donnée et des promesses, respect mutuel, demander de l'aide sans agressivité, ne blesser quiconque, s'exercer à l'empathie, suivre à la lettre les règles élaborées avec l'éducateur et sa mère, réfléchir aux conséquences de ses actes avant d'agir. Ce cadre a permis la restauration d'une vie familiale apaisée. Certes, il existe encore des dérapages lorsqu'il est contrarié ou se sent en échec.

Hugo a aussi décidé de rencontrer son père, dans l'espoir d'avoir face à lui un homme qui tiendrait la route. Il prend ce risque, non sans angoisse, grâce à la présence solide de l'éducateur et à mon accompagnement psychothérapique. La rencontre n'a pas été celle qu'il espérait, s'étant trouvé face à un homme déchu, inconsistant et dépendant à l'alcool.

Dire et agir : faire face au refus scolaire par défi et violence

Face au comportement difficile d'un adolescent et à sa déscolarisation provoquée par une exclusion ou sa fuite des contraintes du cadre scolaire, on ne doit pas faire l'impasse sur le réel motif de ce comportement dérangeant.

Si un diagnostic et un traitement peuvent s'avérer nécessaires lorsque les troubles du comportement sont graves et enfoncent

II - C'est bon, j'arrête, je veux plus !

l'enfant ou l'adolescent dans une spirale infernale, ce n'est qu'après avoir tout mis en œuvre pour le rencontrer, le comprendre, l'aider par le biais d'une psychothérapie conduite sans *a priori*, ni jugement, ni rejet.

L'information préoccupante adressée au président du conseil départemental (CRIP) est d'autant plus mal vécue qu'elle apparaît au jeune et à sa famille comme une menace d'acquisition et de placement. Cette information préoccupante est devenue un moyen de pression de la part de professionnels d'éducation et de soin, de plus en plus utilisé. C'est d'autant plus préoccupant lorsqu'elle stigmatise l'enfant déscolarisé pour un trouble du comportement, que la déscolarisation soit due à une exclusion ou à la fuite de l'enfant. Si l'information préoccupante peut inaugurer une aide médico-sociale quand jusque-là rien n'a été fait et que la situation familiale et scolaire devient très critique, on constate que très souvent elle aggrave la difficulté des parents qui se sentent jugés et trahis plutôt qu'aidés. C'est d'autant plus destructeur que, souvent, ils ont déjà fait le maximum pour aider leur enfant.

Oui, l'intervention des services sociaux à la suite de cette information préoccupante peut s'avérer une aide précieuse à condition d'avoir affaire, ce qui est loin d'être toujours le cas, à des professionnels soucieux d'aider, de soutenir et d'accompagner l'enfant et ses parents sans jugement moral ni intervention intempestive (consultation ou bilan imposé, intrusion dans le secret médical, placement…).

Il y a toujours une voie d'abord possible qui répond à un problème de comportement, même s'il est grave. Reste à trouver le bon angle d'action, les bons professionnels pour être accompagné et éventuellement soigné. Le but n'est pas la scolarisation à tout prix et le plus vite possible, c'est résoudre ce qui est masqué par le trouble du comportement, ce qui souvent relève d'une origine psychique, psychosociale, et parfois aussi neuronale.

C'est trop dur, ils nous donnent trop de travail

Arrive dans mon cabinet une grande fille, cheveux longs cachant son visage, entourée par ses parents. Un cortège funèbre, je m'attends à une annonce dramatique. Le premier entretien et les suivants, je ne verrai pas le visage de Clémence et devrai tendre l'oreille pour espérer entendre les quelques mots qu'elle prononce de sa voix éteinte. Les parents exposent la situation. Leur fille a rejoint le lycée en seconde, section européenne. C'est une excellente élève, studieuse mais perfectionniste. Elle passe ses soirées et week-ends à recopier ses cours, les apprendre par cœur, ne cesse de vérifier et de classer ses fiches pour ne rien oublier. Elle a choisi la section européenne mais se retrouve sans amis. Les parents l'encouragent, trouvent qu'elle en fait trop et lui demandent de se reposer. Elle ne veut rien entendre et a stoppé toute activité distractive. Ce qui devait arriver arriva, dès les vacances d'octobre, elle craque, reste allongée toute la journée sur son lit avec ses cours auprès d'elle. Mais elle est incapable de se concentrer, épuisée, mutique, sans appétit. Malgré tout, elle tente de travailler car elle ne veut pas lâcher.

Le médecin a prescrit un bilan biologique, normal, et des vitamines. Pour prouver à ses parents qu'elle va mieux après le repos des vacances, elle repart au lycée et travaille d'arrache-pied malgré les recommandations des parents et du médecin. Deux semaines avant les vacances de Noël, période des contrôles, elle refuse de se lever, annonce à ses parents qu'elle arrête les études, s'enferme dans sa chambre, entasse ses cours dans son placard. Elle fait le vide autour d'elle, refuse de parler, tant à ses parents qu'à son amie, qui s'inquiète pour elle et cherche une solution afin qu'elle ne renonce pas. Le lycée lui propose de quitter la section européenne qui demande beaucoup de travail. Sa mère veut avant tout qu'elle se repose tandis que le père a un propos malheureux : *C'est vrai, tu devrais arrêter, tu n'es peut-être pas faite pour cette section*, ce qui

II - C'est bon, j'arrête, je veux plus !

déclenche une crise violente. Elle lui crie qu'il n'est pas question qu'elle arrête, qu'elle est capable mais que les professeurs donnent trop de travail et qu'elle n'en peut plus. Elle griffe violemment ses bras et son visage en hurlant qu'elle est nulle, qu'elle n'y arrivera jamais, et qu'ils le savent parfaitement, tous, à commencer par son frère et sa sœur qui méprisent leur petite sœur et réussissent tout sans faire d'effort, adulés par leur père. Elle ajoute qu'elle est la débile de la famille, que sa mère ne l'a jamais aimée et l'a toujours poussée et en même temps dévalorisée. Les parents tombent des nues et n'arrivent pas à la rassurer tellement ils sont atterrés par ses propos. Ils étaient à mille lieues d'imaginer la souffrance de leur fille. Que de douleur, que de sentiments d'injustice et de nullité elle gardait en elle sans que personne ne s'en aperçoive ! Les parents ont d'abord mis cela sur le compte de son épuisement et d'un sentiment d'échec. Depuis, ils culpabilisent et débordent d'attentions pour leur fille qui est devenue apathique, mutique et anorexique, autant dire dépressive.

C'est dans ce contexte que je la reçois avec des éléments de compréhension quant à la gravité de son état, de sa solitude et de sa souffrance qui, manifestement, ne datent pas d'aujourd'hui. Les fêtes de Noël, qu'elle appréciait beaucoup jusqu'à présent, semblent avoir été un calvaire. Elle n'a mangé que très peu, n'a pas ouvert ses cadeaux. Pourtant, ils correspondaient à ce dont elle rêvait auparavant.

Comment leur fille a-t-elle pu échafauder ces convictions de mépris et de rejet de leur part, c'était incompréhensible. Lors de quelques entretiens ensemble, elle et ses parents, nous abordons l'histoire et le fonctionnement de la famille, sans qu'aucun événement ne se détache et puisse expliquer la détresse de Clémence. Son état m'oblige à associer à la psychothérapie une prescription médicamenteuse, ce qu'elle accepte car elle redoute au plus haut point l'hospitalisation envisagée avec ses parents. Si ses propos sont en partie liés à son profond mal-être, ils seront un fil d'Ariane du soin. Les parents ont compris qu'un retour au lycée n'était pas envisageable avant longtemps. Cela a été difficile de leur faire saisir qu'à l'instar du salarié qui présente une souffrance au travail leur fille était en train de vivre un *burn-out,* compliqué d'une dépression masquée qui se révélait au décours de l'épuisement scolaire. Clémence s'effondre lorsqu'elle prend conscience que son année de seconde est compromise mais, au fond, elle est soulagée. Je la reçois toutes les semaines et lui prescris un traitement antidépresseur et anxiolytique.

Peu à peu, l'étau se desserre. Tout en continuant à se cacher dans sa chevelure, elle commence, à force de sollicitations chaleureuses de ma part, à exprimer son sentiment profond de ne servir à rien ni à personne, d'avoir une *vie de merde,* d'être moche et débile. Ce n'est pas de sa part un cabotinage ou l'attente de reconnaissance valorisante, elle en est convaincue. Son état peine à s'améliorer mais elle se nourrit un peu plus et parvient à dormir. D'un ton monocorde, sans émotion palpable, comme désincarnée et indifférente aux marques d'affection de ceux qui l'entourent, elle dit que ça va un peu mieux, plutôt pour rassurer son entourage que par conviction. Elle refuse de descendre au salon lorsque son frère et sa sœur, en études supérieures, reviennent à la maison. Elle ne veut pas voir son ami qui ose encore frapper à sa porte. Il faudra plusieurs semaines avant qu'elle accepte de sortir de sa chambre et de donner un coup de main à ses parents dans leur entreprise. Elle le fait sans entrain alors que, jusqu'à présent, elle s'était donné pour mission de reprendre le flambeau, intéressée par le métier et pensant que son père en serait satisfait, lui qui regrettait que son fils aîné n'ait pas voulu reprendre l'affaire. *J'ai compris que pour lui, j'étais une solution de rechange. C'est vrai, j'aimais bien ce métier mais maintenant c'est fini,* dit un jour Clémence qui ne ressent plus rien et remet tout en question, jusqu'à ne plus trouver aucun sens à sa vie passée et présente. Quant à l'avenir, il n'y en a plus, dépression oblige. Elle est persuadée d'avoir échoué à se

II - C'est bon, j'arrête, je veux plus !

faire aimer tant par sa mère que par son père. C'est donc comme un robot qu'elle fait ce qu'il faut, juste pour donner le change. *C'est trop tard, je les ai tous déçus. Je n'ai plus rien à faire ici.* Les idées suicidaires s'accentuent, ou plutôt s'expriment enfin à la place du silence. Le traitement ne semble pas faire effet, et pourtant elle évolue un peu.

Si la thérapie semble bien engagée, pour lui permettre d'avancer, il manque un ou des éléments dont la sidération émotionnelle et dépressive indique le caractère traumatique. Clémence parvient à exprimer, d'abord ce qu'elle a subi à l'école primaire, là encore du harcèlement lié au fait que son père est un notable dans la petite ville et qu'elle réussit à l'école. Dépréciation, humiliation, gestes déplacés, elle n'en a pas parlé à ses parents, le gardant au fond d'elle-même, honteuse et persuadée d'être laide et de trop sur terre. Je lui pose une question volontairement naïve : *Pourquoi vous n'en avez pas parlé ?* Elle se met enfin à pleurer en disant que ses parents ne l'auraient pas crue, que, de toute façon, ils pensaient la même chose sur elle. Après un long silence, elle dit que tout ça n'est rien à côté de ce que sa sœur lui a fait. Elle explique que, toute petite, elle était déjà sous son joug, qu'elle subissait ses attouchements sans rien comprendre et sous la menace de *si tu le dis, je dirais toutes les bêtises que tu fais.* Cela a fixé l'obligation pour Clémence de ne jamais rien dire alors que ses bêtises étaient infimes, voire inexistantes au regard des actes incestueux de sa grande sœur.

Grâce à sa révélation très pénible et douloureuse, je commence à comprendre, et elle aussi, ce que cachait ce *burn-out* à l'allure de dépression réactionnelle : une dépression infantile sévère, traumatique, jusque-là masquée par sa construction défensive d'élève visant à être parfaite. Pour y parvenir, elle s'est imposé de travailler énormément car les entraves cognitives liées au traumatisme et à la sidération psychique l'obligent à fournir un effort incessant pour lutter contre ses sentiments de culpabilité et de dépréciation.

Le vécu d'abandon de la part de ses parents est autant lié à l'obligation de se taire et de taire sa prétendue culpabilité et sa honte qu'à l'admiration qu'ils portent à cette sœur qui fait des études brillantes. Le pire est que Clémence, persuadée de ne pas lui arriver à la cheville, admire aussi sa sœur. Elle n'a donc rien à faire sur cette terre, ce qui permet de comprendre la force de ses idées suicidaires, mais pas encore de les enrayer. Se voir submergée et en échec, du moins le pensait-elle, dans son défi d'une seconde en section européenne, alors que sa sœur avait suivi une section Abibac, qu'elle était parfaitement bilingue, cela signe son impossibilité de réparation par une revanche, donc son arrêt de mort. On voit qu'au fil des années le silence a fait son œuvre. Il a érodé la construction narcissique, aggravé son mépris à son égard dans l'identification à l'agresseur, sa sœur et, plus tard, les élèves harceleurs et qui ont violé son intimité.

Comment sortir de cette impasse ? Ce ne sont ni les médicaments ni le constat de ce qu'elle a subi qui peuvent l'aider. Impossible d'extraire la pierre de folie mélancolique liée au traumatisme et à l'abandon. En revanche, après avoir laissé s'écouler la bile noire de sa dépression et de sa souffrance infantile, je devais l'aider à entamer un combat pour elle-même. Qu'importe de déplaire à ses parents, à son frère et à sa sœur, il faut sortir du silence, il faut dire les traumatismes, extérioriser sa souffrance, faire comprendre le sentiment d'abandon, d'échec et d'être la mal-aimée. Il faut réussir à se faire entendre. Au lieu de cela, Clémence a reporté les rendez-vous, fuyante, et renforcé son isolement tout en donnant le change au sein de l'entreprise familiale.

C'est souvent là que bute une psychothérapie, face à l'effroi que représente la lutte pour exister. Il faut un soutien inconditionnel et une médiation efficace du thérapeute pour y parvenir sans brusquer mais avec détermination. Parler avec sa mère, entendre la condamnation des parents à l'égard de sa sœur, attendre ses excuses ou envisager un procès qui risque fort d'être encore plus dévastateur, voilà ce qu'elle craint au plus haut point. Voilà ce que nous sommes parvenus à faire, pour l'heure sans procès, et qui a permis à Clémence de reprendre ses études. Finalement, elle a quitté la section européenne pour rejoindre une section qui la dirige vers le métier qu'elle a choisi, celui de son père mais dans un esprit autre que de se faire aimer par ses parents et d'attendre la reconnaissance de son père. Il s'agit pour elle d'occuper sa place sans être la petite sœur, la petite ratée, mais d'une certaine façon l'héritière. C'est une saine revanche, un accomplissement et l'amorce d'une consistance narcissique qui lui permet de moins se comparer à son frère et à sa sœur et qui réduit, mais ce n'est pas gagné, sa tendance forte à se dévaloriser.

Qui aurait pu imaginer que derrière *c'est trop dur, ils nous donnent trop de travail* se dissimulait un tel traumatisme infantile, organisateur d'un futur chaos programmé ? Des éléments ont indiqué qu'il ne s'agissait pas de rechercher une solution immédiate, entre repos et changement de section, ce qui est parfois suffisant mais pas dans son cas. Il a fallu décider les parents, surtout le père, à accepter de vivre une année blanche pour une période noire, seul moyen de sortir de la mélancolie et de la sidération traumatique. Il a fallu prendre le temps de comprendre et de tirer le fil d'Ariane. Voilà à mon avis la seule voie qui ne compromette pas les chances de Clémence d'accéder à une existence qui ne sera pas faite que de dépression, voire de suicide.

Dire et agir : que faire quand un traumatisme infantile resurgit ?

L'adolescence est une période trop importante dans le réaménagement psychique pour se contenter de mesurettes et de bricolage à l'aveugle afin de remettre le jeune sur pied.

Si on accepte qu'un adulte en *burn-out* ou en dépression d'épuisement soit en arrêt de travail pour une durée avoisinant généralement les six mois, pourquoi avoir tant de mal à l'accepter pour un enfant ou un adolescent en souffrance ou épuisé ? Il est vrai qu'il est difficile d'accepter que son enfant soit malade, parce qu'il est jeune, parce qu'il a la vie devant lui, qu'il n'a pas de raison de se plaindre, qu'il a tout pour être heureux. Mais ce n'est pas si simple : traiter sa souffrance relève à la fois d'une urgence et d'une prévention. Si l'école est très importante, dans des situations dramatiques comme celle vécue par Clémence, elle n'est pas prioritaire. L'arrêt scolaire prolongé relève d'un arrêt maladie médicalement justifié. Cela évite l'impasse d'une fuite et d'un échec scolaire.

Dans une société où la performance et la maîtrise du temps s'imposent dès l'école, il n'est pas étonnant que ça craque parfois. Trop de travail dans certaines sections, enfants dociles et studieux qui ne veulent pas décevoir parents et professeurs, mais aussi enfants un temps indisponibles selon leurs préoccupations, leur anxiété et les événements qu'ils ont vécus ou qu'ils sont en train de vivre. Pour les aider, il faut les laisser se reposer, se poser les bonnes questions. Parfois, ce n'est pas le moment, une chose plus importante doit être traitée avant d'être disponible pour les apprentissages scolaires.

L'utilisation des médicaments pour les enfants et adolescents est une affaire délicate. Cela ne doit jamais être la première mesure à prendre. Aucun des médicaments utilisés par les psychiatres ne soigne le fond d'un problème, quel qu'il soit, mais ils ont tout de même leur utilité. Donc les prescrire n'est pas dangereux mais à condition qu'ils soient correctement choisis et utilisés à une dose ajustée *a minima.* Pour l'enfant comme pour l'adulte, l'angoisse et la dépression peuvent produire une souffrance insupportable qui, en elle-même, sera traumatisante et insurmontable sans un apport médicamenteux.

Pas besoin d'école pour faire ce que je veux faire

La tendance actuelle est d'amener son enfant ou adolescent qui décroche de l'école et des apprentissages scolaires chez les psychologues et pédopsychiatres. C'est un progrès que de s'interroger sur d'éventuelles difficultés psychiques à l'origine de ce symptôme de décrochage. Mais c'est aussi courir le risque de psychologiser la situation qui relève d'un registre autre : social, pédagogique, institutionnel, politique. Ainsi, une jeune fille, 16 ans, a accepté de se plier, non sans mal, à la requête de ses parents de consulter un psychiatre car elle a délibérément arrêté d'aller au lycée. Elle me dit, très déterminée : *Je n'ai plus besoin d'aller à l'école pour faire ce que je veux faire.* Je demande aux parents en quoi j'ai à intervenir car il n'y a, semble-t-il, ni mal-être ni anxiété. Il s'agit d'un choix affirmé par leur fille. Toutefois, les situations exposées dans les précédents chapitres montrent qu'une affirmation argumentée et une réflexion apparemment claire peuvent dissimuler une situation complexe. Autrement dit, quand une jeune personne vient consulter, mieux vaut ne pas banaliser et prendre le temps d'une analyse fine des tenants et aboutissants du refus scolaire.

Elsa a été dirigée vers un BEP hôtellerie-restauration, un choix par défaut, étant donné ses notes basses et son peu d'affinités avec la chose scolaire. Dès son premier stage, elle est renvoyée car elle ne respecte pas les règles, se prend le chou avec les clients et avec le chef de rang. À la suite de cela, elle ne se rend plus au lycée, ce depuis deux mois. Je la reçois seule car elle refuse de parler avec ses parents. Elle explique que ceux-ci ne veulent rien comprendre, qu'elle a d'autres aspirations dans la vie que de subir et se soumettre à des *connards de clients*, d'être esclave d'un patron qui se prend pour son père et qui, en plus, l'a humiliée devant les serveurs. De plus, elle ne veut pas travailler pour un salaire de misère et avoir des horaires nuls qui la coupent de ses amis. Visiblement, elle n'est pas faite pour ce genre de job, si tant est qu'on puisse l'être, la désaffection post-covid pour ces métiers difficiles de la restauration en témoigne. Bref, il est hors de question qu'elle poursuive dans cette branche. Elle ajoute que lui en proposer une autre, *même pas en rêve.* Je lui demande ce qu'elle envisage, et alors son visage rayonne, elle est intarissable sur ses projets dont je pressentais la nature au vu de son allure : belle jeune femme très maquillée, style quelque peu outrancier, très chiche en tissu, qui laisse apparaître ses formes avantageuses.

Elsa me raconte ses démarches : inscription au concours Miss de son département, multiples contacts pour des castings de figuration, de téléréalité, de présence en plateau de télévision, bref, même si elle sait qu'à 16 ans de nombreuses portes lui sont fermées, elle se montre efficace dans des démarches orientées vers le *star-system* où son corps est un atout de taille. Son rêve est d'être sélectionnée pour une émission de téléréalité, là où l'on gagne beaucoup d'argent et où l'on a une chance de devenir une star, son but suprême. Aussitôt, elle m'explique qu'elle ne fera pas n'importe quoi, que, contrairement à ce que disent ses parents, elle ne *tombera pas dans le caniveau* et qu'elle en a marre qu'on la traite de *pute*. *Ce n'est pas parce que je suis belle et que j'ai un corps séduisant que je vais me donner à n'importe qui. Il faut juste que je trouve mon agent et, avec ça, je gagnerai un max de fric.* Pour y parvenir, elle multiplie les *selfies* et prend contact avec les agences de production connues pour leurs téléréalités à travers le monde.

Après l'avoir écoutée, je reçois ses parents et leur dis de veiller sur elle tout en tenant compte de sa démarche qui, en soi, semble être une formation, à condition de la conduire avec prudence. Nous en restons là après avoir entendu les récriminations et les peurs des parents sur ce milieu dépravé où leur fille risque de se perdre. Tout en comprenant leur anxiété, je réponds : *Ça dépend de votre vigilance et de votre accompagnement auprès d'elle, qui doit rester positif. Votre fille se projette dans l'air du temps même si ce n'est pas l'avenir dont vous rêviez pour elle.* Ils sont déroutés et insistent sur le fait qu'elle est impossible à gérer, qu'elle sort quand elle veut et qu'elle passe sa vie sur les réseaux sociaux où elle ne cesse de poster ses *selfies*. Elle est fière que tout le monde la regarde dans la rue tellement elle est provocante. Même si je comprends

II - C'est bon, j'arrête, je veux plus !

les arguments et la peur de ses parents, il n'y a pas grand-chose à faire pour eux, si ce n'est les écouter.

Je les reçois un mois plus tard, dans l'intention de les guider dans l'accompagnement de leur fille afin qu'elle ne s'égare pas, qu'elle ne tombe pas dans les mains de prédateurs qui sont nombreux autour de très jeunes et belles filles comme elle. Entre-temps, ils ont repris le dialogue avec Elsa en essayant de la comprendre et de positiver mais aussi de suivre ses démarches. Ils l'accompagnent pour ses castings à Paris, ce qui la sécurise et permet de l'entourer lorsqu'elle essuie des refus, conclusions fréquentes des entretiens.

Quelques semaines plus tard, je reçois un appel d'Elsa qui me supplie de la recevoir au plus vite, ce que je fais bien évidemment. Elle vient de vivre une expérience détestable. On pouvait s'y attendre, elle a été trompée et maltraitée par un recruteur qui a profité de sa naïveté, quoi qu'elle en dise, face à la capacité de manipulation habile de ce genre de prédateur qui flatte et promet, pour mieux profiter de ces jeunes filles qui espèrent tant faire partie des rares élues lors des castings de téléréalité. *Moi qui croyais être assez forte pour résister, ce salaud m'a bien eue. Je ne me ferai plus avoir et je vais tout faire pour ça.* Après avoir décrit la situation dont elle s'est finalement assez bien sortie sans réel traumatisme, nous étudions ce qu'elle pourrait envisager, avec l'idée de la raccrocher à une formation afin qu'elle soit mieux armée dans sa vie. Ce que propose l'Éducation nationale ne lui convient pas, trop éloigné de la réalité, trop infantilisant, sans débouché. Elsa décide de suivre une formation en anglais, ou plutôt en américain car elle n'a pas perdu de vue son objectif de vivre à Los Angeles ou à Miami, parmi les stars, même si elle est consciente que cela peut être un leurre et une source de douloureuse désillusion. Je propose de le compléter par une formation en audiovisuel et en gestion qui seront un plus dans le projet auquel elle aspire. Elle se rapproche de la mission locale, le contact se passe mal, elle se sent jugée et on veut la faire retourner en BEP. D'elle-même, avec le soutien de ses parents, elle trouve une formation adaptée à ses attentes en Belgique, loin des bancs de l'école française. Trois mois après, elle envoie un mail : *Une femme avertie en vaut deux, de quoi se défendre contre les prédateurs. Je suis armée, merci. Si vous avez un moment, vous pourrez me voir dans une émission télévisée sur les jeunes, je vous envoie le lien. J'ai aussi signé un contrat de figurante à Bruxelles, c'est super.* Bien entendu, je la regarde, et la vois très à l'aise dans cette émission où elle raconte son parcours adolescent. Je suis surpris par son à-propos et sa logique quand elle relate le décrochage. À propos de l'école : *On nous prend pour des gamines, on nous infantilise avec tous ces contrôles et ces notes. Si on n'est pas gentilles, on nous met en colle comme un petit qu'on met au coin.* À propos des professeurs : *Il y a beaucoup d'injustice et ça, ça ne donne pas envie de bosser. On se demande pour qui ils se prennent, méprisants, distants, on dirait qu'on les fait chier. Ce qui m'a dégoûtée le plus, c'est qu'ils t'humilient devant toute la classe. Heureusement, ils ne sont pas tous comme ça. Et si je n'avais pas eu un super prof d'EPS, je n'aurais jamais osé faire ce que je fais. Il m'a redonné confiance en moi. Il m'a dit que j'étais capable de réussir et que je ferai mon propre chemin. C'est ça, exactement, qui se passe. Pourtant, j'étais tellement dégoûtée que je ne foutais plus rien en classe. C'est pour ça qu'on m'a mise en BEP sans me laisser le choix. Là, je me suis retrouvée en hôtellerie-restauration, c'était vraiment nul.* Puis, sa parole libérée, elle poursuit à propos de sa vie : *On devrait mieux nous préparer à la vie, à savoir se gérer et à gérer les problèmes dans la vraie vie. Plutôt que de passer notre temps à apprendre les maths et la grammaire, même si c'est important pour ceux qui aiment ça, on devrait nous expliquer comment avoir un bon métier et choisir selon ce qu'on est.* C'est vrai qu'elle semble mieux prête à la vie que la plupart des adolescents, tenus éloignés des problèmes qu'ils auront à résoudre dans leur vie relationnelle et socioprofessionnelle. Engranger du savoir est une chose, certes utile, mais savoir s'en servir et déjouer les obstacles afin de se réaliser, en est une autre qui nécessite aussi un apprentissage.

II - C'est bon, j'arrête, je veux plus !

Un an après, nouveau mail : *Je me suis inscrite à un cours de théâtre, c'est super, et j'ai compris qu'il y avait autre chose dans la vie que mon corps. Au moins là, je ne suis pas à la merci des mecs qui ne pensent qu'à me sauter dessus. Merci de m'avoir aidée.* Cette conclusion plutôt heureuse montre que ses parents ont bien fait de faire appel à un pédopsychiatre même si, en apparence, elle semblait n'en avoir aucunement besoin. Elle est passée d'une illusion centrée sur son beau corps, qui lui donnait quelques avantages, à la prise de conscience que c'était un piège pour une femme, d'être l'objet des hommes, de leur avidité et de leurs manigances. L'anglais, l'audiovisuel, la gestion et le théâtre, finalement, elle gère remarquablement son début de carrière et elle peut faire confiance tant à ses atouts qu'à sa perspicacité et à son intelligence de la vie.

Dire et agir : étudier et accepter le choix d'une voie inédite

Ne perdons pas de vue qu'il peut y avoir de réels motifs, finalement assez légitimes, pour l'élève, de décrocher par décision quelque peu réfléchie, sans angoisse. Ce serait une double peine pour lui que de lui reprocher alors qu'il vit une injustice, une orientation forcée, une maltraitance du milieu scolaire qui discrimine ou stigmatise.

Rencontrer un psy, même sans signes psychiques inquiétants, peut s'avérer utile, ne serait-ce que pour se parler entre parents et enfant et poser la problématique autour du décrochage. Comme le montre le cas d'Elsa, si l'aide d'un pédopsychiatre ne semblait pas nécessaire *a priori*, elle s'est avérée utile en proposant un accompagnement de son choix inédit et délicat.

Se contenter de l'apport scolaire pour espérer former un enfant va tout droit à l'échec. C'est accorder à l'école une mission qu'elle est incapable d'assumer, un objectif qu'elle ne peut atteindre. L'accompagnement des parents, des expériences de vie et de relations, tout cela est au moins aussi précieux que le savoir engrangé sur les bancs de l'école.

Pourquoi limiter ce que font certaines équipes éducatives pour des élèves décrocheurs à quelques expérimentations, sans les soutenir ni les pérenniser, ni étendre l'application à tous ceux qui en font la demande ? La qualité de la formation et des acquis scolaires n'en serait que meilleure.

Proximité, attention et projet devraient rester les axes forts de tout enseignement afin que la connaissance soit toujours associée à l'expérience et que tout élève soit sollicité sous son meilleur angle, là où il est le plus réceptif et le plus créatif.

Une pédagogie qui se donnerait les moyens du cas par cas serait certes plus coûteuse au départ mais plus rentable dans ses résultats à long terme. Il n'est pas certain que les gouvernants, même dans une démocratie, cherchent à former des personnes autonomes disposant d'une bonne capacité critique. Il est plus commode de viser à former de bons employés, des travailleurs adaptables et flexibles, voire, si c'est nécessaire, de la chair à canon. Résultat, cela produit du désintérêt et du désinvestissement qui se traduit jusque dans la vie professionnelle, civile et civique.

Une voie de formation originale et atypique n'est pas plus périlleuse qu'une voie toute tracée qui passe par les diplômes. Quand le désir et la créativité y sont présents, c'est la garantie d'une réussite. Reste à baliser et à encadrer cette voie originale afin d'en éviter les impasses et les échecs car, par définition, les personnes adolescentes sont des proies faciles pour les prédateurs et les pervers.

Tu sais bien que je suis nul. Tu l'as dit toi-même !

Je reçois en consultation une mère qui traîne son fils, apathique et avachi. Elle vient car elle s'inquiète d'une décision à laquelle l'incite le collège au vu des piètres résultats de Bryan, 14 ans, en 4ᵉ après avoir doublé le CM2. Il n'était pas alors suffisamment mature pour affronter le collège. Malgré les efforts de tous pour l'aider et le stimuler dans son travail scolaire, Bryan semble ne pas s'investir ni faire d'effort. Le bilan est sombre, ce qu'il reconnaît tout en marmonnant qu'il essaie mais n'y arrive pas. Il devrait entrer en 3e prépa-pro[4]. Sa mère craint que ce soit une erreur qui le conduira à un échec car il n'est ni pratique ni habile de ses mains, sauf pour user de sa manette de console. Bryan en rajoute :

« Ils n'ont pas compris, si tu m'y mets, j'en ferai encore moins. Rappelle-toi, ils ont déjà voulu que j'aille en SEGPA avec les débiles. Ça veut dire que c'est mort. De toute façon, c'est l'autre qui a raison. Il dit que je suis nul et que je n'arriverai à rien.

De quel autre parle-t-il sans le nommer ? Sa mère précise :

— Avec son papa, c'est un peu la guerre. Il ne veut plus le voir parce que, chaque fois qu'il y va, c'est vrai que son père le dévalorise en lui disant qu'il est bon à rien, qu'il ne fait rien, qu'il deviendra un chômeur et qu'il finira dans la rue avec les clodos.

Bryan intervient, très ému :

— S'il te plaît, maman, arrête. Ne lui dis rien, s'il apprend que je vais en prépa-pro, c'est mort, je suis bon pour une raclée. »

Il passe d'une apparente désinvolture à une tristesse et à une peur qui étonnent sa mère. En effet, avec elle comme avec les autres, il ne montre jamais rien. Il est comme indifférent à ce qui l'entoure et, de ce fait, il encaisse le même genre de réflexion de la part des professeurs et de sa mère qui n'en peut plus face à son inertie et à sa conduite d'échec.

Malgré tout, elle le comprend et précise que son père est dur avec lui et ne laisse rien passer. Elle ne le pousse pas à aller voir ce père qui a fondé sa nouvelle famille et ne se soucie pas vraiment de son fils, si ce n'est pour *l'engueuler* et elle ajoute :

« Bryan a vécu des choses très difficiles, son père a été violent avec moi et, depuis le divorce, il me dénigre auprès de lui. Maintenant il

____

4. Aujourd'hui nommée 3e prépa-métiers, orientation destinée à éclairer l'élève sur différents métiers.

a une petite fille et il s'en occupe beaucoup. Bryan a beau le nier, il doit être jaloux. C'est normal, il n'a pas eu tout ça. »

Silence. Il est temps de m'entretenir seul avec Bryan.

La question de l'orientation en prépa-pro devient le prétexte salutaire pour évoquer la situation douloureuse de Bryan qui déploie des efforts d'inertie passive et d'indifférence pour ne rien montrer de sa souffrance. Toute son énergie psychique est mobilisée pour ne pas craquer ni se montrer faible. Mais il a besoin aussi de donner raison à ce père, de se prouver qu'il est nul. De fait, il s'enfonce dans une conduite d'échec qui relève de sa dépression et du duel opposition/appel de ce père qui ne sait que le dévaloriser. Sans en avoir conscience, il provoque l'attention négative de cet homme et, en même temps, il ne veut surtout pas satisfaire celui-ci qu'il nomme « l'autre », à qui il dénie une place de père qu'il ne mérite pas.

Le masque de Bryan vient de se fissurer en entendant sa mère. C'est le préalable pour qu'il sorte de son impasse, pour qu'il identifie le piège dans lequel l'abandon paternel le place, majoré par le dénigrement tant de sa mère que de lui. Que de souffrance vit-il en solitaire, que d'énergie déploie-t-il pour ne rien montrer de sa faille ! Et que de temps gâché et d'avenir compromis à cause d'une telle maltraitance, que de répétition morbide pour se prouver qu'il est nul, et que son père a vraiment raison ! Bryan a retourné l'arme contre lui. Il a le même comportement de répétition morbide avec les professeurs, dont il entend la triste musique de sa nullité, de sa paresse, de sa triste destinée future. Par son orientation en prépa-pro, il parvient à un but destructeur, la signature de son échec à être aimé, à être reconnu, à se mettre en valeur et à tenter de construire un narcissisme en se valorisant autrement que par son style désinvolte. Paradoxe de la situation, il a toujours en lui l'espoir que ce père le reconnaisse en tant que bon fils mais il sait que ça n'aura pas lieu, alors il anticipe la déception qui ne manquerait pas d'arriver au cas où il ferait tous ses efforts pour le satisfaire :

« En CM1, j'ai compris que ça ne servirait plus à rien. Chaque fois, il ne voyait que ce qui n'allait pas. Il ne s'intéressait pas à moi, me cassait dès que je me trompais à l'école et même pour tout ce que je faisais. Ma mère vous a dit que je n'étais pas habile de mes mains. Je sais pourquoi : chaque fois que je construisais quelque chose, j'aimais bien ça, il disait que je ne savais rien faire de mes dix doigts, et que c'était nul, alors, j'ai arrêté. C'est vrai, je reconnais que je ne fais pas trop d'efforts. Maintenant, la seule chose qui m'intéresse, c'est ma console. Là, on ne m'embête pas. »

Surtout ne rien montrer, ne pas perdre la face, mais avant tout ne pas penser car cela exposerait Bryan, comme d'autres enfants qui vivent une souffrance intérieure indicible, à la réactivation d'un profond sentiment d'abandon. La mère, qui fait tout pour son fils, ne peut combler le vide laissé par la carence paternelle. D'autant que, voulant compenser les insuffisances du père, elle a adouci son éducation au point de laisser Bryan face à un vide d'autorité qui, plutôt que de combler l'abandon, le creuse encore un peu plus. Pire, pour tenter d'arrondir les angles, elle a essayé d'excuser le comportement du père, ce que Bryan a ïnterprété comme la validation de sa nullité.

Ne pas penser, c'est se mettre en absence, suspendu dans son *no man's land* sans rien écouter de ce que disent les professeurs. Pourquoi ? Là encore, pour ne pas se mettre en situation d'échec, convaincu qu'il ne comprendra rien, et pour ne pas risquer d'entendre les propos négatifs et humiliants des professeurs qui se désespèrent d'une telle attitude. Trouble d'attention, de concentration, trouble de compréhension, et surtout trouble de la pensée qui fuit l'apprentissage pour ne pas se confronter à sa propre faille narcissique. Au fond de lui, Bryan est pris dans un processus persécutif par anticipation du jugement négatif porté sur lui. La boucle se referme car il fait tout pour que ce jugement tombe et le condamne à la nullité. Sauf à être particulièrement perspicaces, il est logique que tous, y compris les professeurs, tombent dans le panneau.

Dans le cas de Bryan, il ne faut pas s'attendre à un miracle, juste parce qu'il a compris le piège dans lequel on l'a mis et il s'est mis. Je vais l'aider à deux niveaux. D'une part, mettre en question sa maladresse légendaire, son absence d'esprit pratique, sa prétendue incapacité à envisager sa formation professionnelle dans les domaines techniques et les métiers dits manuels. D'autre part, je défends à ses yeux la 3e prépa-pro qui n'est ni une voie de garage ni la signature de l'échec, mais l'occasion d'un défi pour se prouver son intelligence et sa capacité à apprendre, expérimenter et découvrir différents métiers jusqu'à espérer un déclic et un engagement de sa part. Il en accepte l'augure parce qu'il trouve avec moi, son psy, comme c'est souvent le cas dans ces cas-là, un ouvreur, pour ne pas dire une figure paternelle bienveillante. Il se peut que cet ouvreur soit un de ses professeurs ou un éducateur, un animateur, un maître de stage, mais jusque-là, ce n'est pas arrivé. Une telle rencontre est capable d'enrayer le processus de répétition morbide et, du même coup, d'amorcer ou de consolider la construction d'une image positive de soi en capacité de réussir. C'est le cas pour Bryan qui s'est engagé depuis peu dans une filière professionnelle où il réussit bien, et accepte un cercle vertueux de reconnaissance de ses aptitudes.

Bryan n'a manqué aucun rendez-vous, sauf un. Nous avions convenu (en fait, je l'y avais poussé) d'un rendez-vous avec son père pour tenter de lui faire entendre que son fils n'était ni incapable ni paresseux, mais souffrait du manque d'un regard bienveillant de sa part. Le jour du rendez-vous, pas de Bryan, il m'avait, délibérément ou non, laissé seul face à son père. Il en espérait probablement beaucoup mais il s'attendait, sans trop d'illusion, à des propos négatifs qui risquaient de mettre à bas l'effort dans lequel il était depuis le début de sa psychothérapie. En fait, il avait vu juste, le père est resté sur ses positions, tout en dénigrant la psychologie. Il a détourné le propos, en reportant la faute sur l'éducation défaillante de sa mère qui cédait à tous ses caprices et ne pouvait en faire qu'une chiffe molle. Manifestement, les griefs à l'égard de son ex-femme l'empêchaient de regarder Bryan comme son fils et de tenir sa place de père. L'enfant-résidu choyé par une mère haïe, le fils-rival d'un homme immature, voilà la place, ou plutôt l'absence de place qu'il accordait à son fils. Lors du rendez-vous suivant, Bryan attendait, ému, mon commentaire sans vouloir montrer son impatience. Je lui ai dit qu'il fallait faire avec la défaillance de ce père, qu'il fallait désormais compter sur les belles rencontres qu'il était en train de faire dans sa formation professionnelle et avec ses amis. Il est difficile, bien plus qu'on ne le croit, de faire le deuil de ce que l'on n'a pas eu. Il n'y a plus rien pour s'accrocher, ni souvenirs ni bienveillance, il faut juste faire avec. Tirer un trait sur un père, une mère, cela est parfois nécessaire pour se construire sans se détruire, mais ce n'est pas simple à vivre. Bien souvent, c'est une cicatrice qui ne se referme jamais.

Dire et agir : comment lutter contre un absentéisme passif ?

Il y a tant de façons de fuir l'école, du décrochage par expansion d'école buissonnière jusqu'au refus par opposition, par angoisse, mais on oublie la plus commune, fréquente, probablement la plus terrible, l'absentéisme passif : je suis là sans être là, je m'absente à moi-même et aux apprentissages. Au fond, je n'existe pas, voilà le malentendu. On juge cet enfant paresseux, pauvre d'esprit. On le croit, et il se croit nul alors que très souvent, sa présence/absence ne fait que traduire une souffrance.

Quand un parent dénigre son enfant directement ou à travers ses professeurs et son école, il le prive de pouvoir être l'élève réceptif à la connaissance et à la découverte. Un brouillard, voire un mur se dresse entre l'enfant dégradé et l'élève qu'il devrait être s'il était encouragé. Pire, si l'enseignant s'y met et ajoute de l'épaisseur à ce mur, ça devient infranchissable. Il faut alors déployer des forces colossales pour l'aider à briser ce mur et rendre confiance à l'enfant.

Les filières technologiques et professionnelles méritent le respect et l'estime. En effet, l'enseignement et l'expérience qu'elles apportent est aussi valable que celui des filières dites générales jugées prestigieuses au prétexte qu'elles manient de la matière abstraite. Un effort est fait pour revaloriser l'image du pro mais il reste que ces matières relèvent encore souvent aux yeux des parents et des enseignants du niveau zéro. Comment alors espérer qu'un élève s'y voie autrement que comme un déchet ?

Pour apprendre, il faut non seulement être réceptif, mais capable de penser. Si le fait de penser vient croiser un sentiment douloureux d'échec, la pensée devient malfaisante, il faut la fuir. Le mieux pour le faire, c'est pour certains élèves de fuir et de mépriser la pensée, de la voir qu'en tant que faille afin d'éviter la sienne. La bêtise apparente n'est souvent que la fuite de soi-même.

Des enseignants, certains y excellent, et des parents déploient des trésors d'ingéniosité pour donner envie à leur enfant, emmuré dans son incapacité, de prendre le risque de se prouver qu'il est, contrairement à ce qu'on lui a fait croire et à ce qu'il a fini par penser, capable de réussir. Le plus difficile est de l'aider à abattre le mur de l'indifférence, de la bêtise et du dénigrement de soi-même.

III – Faut-il se fier aux solutions trouvées par l'enfant ?

Si les établissements scolaires, les professionnels du soin et les parents cherchent et trouvent (pas toujours, malheureusement) des solutions entre adaptation, aménagement et soin, il n'est pas rare que les enfants, particulièrement les adolescents, proposent leur solution en fonction de leur ressenti, de leur besoin, de leur expérience et celle de leurs amis. Il est utile de s'y attarder même lorsqu'elles paraissent assez étranges et inédites. Avant de suivre une solution, quelle qu'elle soit, il faut en explorer la faisabilité, les écueils et les conséquences à court, moyen et long terme.

Pour résoudre un problème, il faut en avoir compris l'énoncé, ce que nous avons fait au fil des chapitres en évoquant la complexité et la diversité des situations de refus et de blocage scolaire. Chaque fois, il faut tracer les pistes pour les aborder et les résoudre. Il reste à compléter le panel de solutions possibles pour les parents, les enseignants, les professionnels du soin et de l'éducation face à un refus scolaire qui résiste au bon sens, aux directives scolaires et à un soin ajusté au plus près de la problématique de l'enfant.

Les enfants et adolescents ne sont pas en reste pour trouver une solution qui leur sied. Ils parlent entre eux, se passent parfois des combines comme des antisèches qui glissent de main en main.

Le risque est qu'ils voient avant tout leur intérêt immédiat, leur plaisir et parfois l'évitement de l'effort que requièrent les apprentissages scolaires et les règles de vie en communauté, *a fortiori* dans un établissement scolaire fondé sur la discipline. Il arrive que les professionnels, même aguerris par une longue expérience, soient bernés par une mise en scène d'anxiété bien orchestrée, d'un prétendu harcèlement venant d'un harceleur ou d'un épuisement qui n'est pas lié à un travail scolaire harassant mais aux heures nocturnes passées devant les écrans. Il est parfois difficile de s'y retrouver, d'autant qu'il ne faut pas passer à côté d'un vrai épuisement, d'une anxiété ou d'un harcèlement. Mieux vaut, par sécurité, anticiper l'aggravation et le danger suicidaire au risque de se retrouver (cela arrive plus souvent qu'on ne le croit) face à un jeune qui, une fois son repli à la maison validé, s'installe dans un *cocooning* et ne vient plus consulter puisqu'il y est bien et a finalement obtenu exactement ce qu'il voulait.

En fait, la vraie bonne solution se trouve généralement ensemble (enfant, parents et professionnels) en prenant le temps de dialoguer et de bien poser le problème. C'est de cette façon que l'on peut trouver la meilleure piste pour résoudre un blocage scolaire sans s'empresser et grâce à une intelligence commune de la situation.

J'ai besoin de faire une pause

Comment entendre et que signifie ce *J'ai besoin de faire une pause* ? Tout dépend de l'intonation. Un appel sur fond de fatigue, parfois entre le désespoir et la colère, cela impose de prendre au plus vite des mesures pour contrer l'épuisement afin d'éviter un décrochage irréversible comme c'est parfois le cas dans un *burn-out* sévère. Mais nous verrons dans le chapitre suivant que la supplique *j'ai juste besoin de faire une petite pause*, insistante, relève de la manipulation de la corde sensible, souvent maternelle.

Certes, cela mérite que l'on s'y attarde aussi, mais en démêlant la part de souffrance et de mise en scène pour s'épargner l'effort et fuir l'obstacle.

Rose, élève studieuse et perfectionniste, a jusque-là bien dissimulé son angoisse et sa fatigue, plus débordée par ce qu'elle s'impose que par la quantité de travail effectif. Elle masque aussi ses difficultés, ne voulant pas paraître sotte aux yeux de ses parents et des autres élèves. Les heures passées à comprendre, à surligner et à réviser ont mangé ses heures de sommeil. Certes, les parents la voient se fatiguer mais ils pensent qu'elle veut bien faire et ça les rassure. Les résultats comptent beaucoup pour eux. Ils veulent qu'elle puisse intégrer un lycée prestigieux, affirmant que c'est pour son bien et qu'elle le veut aussi. Alors, Rose fait tout pour ne pas les décevoir, et ce depuis l'école primaire car elle craint de ne plus être aimée, d'être rejetée si elle ne remplit pas sa mission : porter haut le blason familial. C'est comme si elle devait payer une dette à ses parents, si attentifs et si gentils avec elle : voilà, en substance, ce qu'elle exprime lors de sa première consultation seule avec moi, en se culpabilisant de n'être pas à la hauteur de leurs attentes.

Ses parents et elle, liés dans leurs objectifs, ont placé dans le scolaire un enjeu capital. Mais c'est allé trop loin, et elle ne peut plus cacher son épuisement et la souffrance qui l'assaille au point de ne plus pouvoir se concentrer et de perdre le sommeil. Il est déjà bien tard quand elle ose leur dire : *J'ai besoin de faire une pause.* Contrairement à ce qu'elle craignait, les parents en acceptent le principe, au moins pour une semaine. Mais bien entendu, la semaine passée, impossible pour Rose de se mobiliser de nouveau. Elle va de son lit au placard à gâteaux et se mortifie de ne pas pouvoir retourner en cours et de grignoter sans cesse. La tension monte, les parents s'impatientent, ne comprennent pas l'attitude de leur fille. Les remarques fusent : *Tu es déjà assez grosse comme ça, Ce n'est pas comme ça que tu vas réussir à être sélectionnée pour Saint-Louis,* ce qui plonge un peu plus Rose dans la détresse. Ce qui devait arriver arriva, après trois semaines de déscolarisation, elle a avalé des médicaments dans l'idée d'en finir avec la vie, mais aussi d'alerter ses parents sur sa détresse et de chercher un répit, ce qu'elle trouve lors d'une courte hospitalisation qui permet enfin à ses parents de prendre conscience de la gravité de son état.

C'est dans ce contexte que je la reçois, avec arrêt scolaire sur le mode arrêt maladie, d'un mois renouvelable. Que dire ? Les parents ont accepté une semaine de repos mais ils n'ont pas compris le sens du *J'ai besoin de faire une pause*, prononcé timidement par Rose en les suppliant, sans vouloir montrer qu'elle était en train de craquer. Il est très regrettable d'avoir frôlé le suicide pour être entendue. Il est aussi regrettable qu'ils n'aient pas été attentifs aux difficultés et à l'épuisement de leur fille, ne voyant que la promesse d'un parcours d'élite. Pire, ils lui ont fait croire qu'il ne s'agissait que de son désir alors que, depuis sa petite enfance, elle travaille d'arrache-pied, rien que pour satisfaire la soif de réussite par procuration de ses parents. Bien qu'ayant réussi à obtenir des diplômes et un travail plutôt satisfaisant, le père, espérant plus, envie ses supérieurs hiérarchiques. Il répète à sa fille : *Si tu réussis bien, tu n'auras pas de chef sur le dos*, qui donne le ton de son amertume et trace la voie obligée de Rose. La mère est employée dans la grande distribution. Elle en rajoute : *Surtout, ne fais pas comme moi, il faut à tout prix que tu réussisses, même si tu as du mal.* Lors des séances de psychothérapie, Rose me relate ces propos qui sont gravés dans son cerveau comme dans le marbre. Les dire lui permet d'essayer de se détacher de ces injonctions à l'origine de son perfectionnisme. Mais ces recommandations dressent en même temps un mur qui la freine, sous-entendu : *si tu es comme nous, si tu ne nous ressembles, tu ne pourras pas être à la hauteur de nos espérances.*

Dans la situation de Rose, la vraie bonne solution, après sa tentative de suicide, c'est un repos aussi long que nécessaire, puis la psychothérapie. Cela va lui permettre de se libérer de ces injonctions explicites et implicites qui ont vectorisé son désir en fonction de celui de ses parents, fait d'amertume, d'envie malsaine, de rancœur, car ils n'ont pas réussi comme ils l'espéraient. Leur discours *on fait le maximum pour elle, on ne veut que son bien* masque *elle doit réussir pour réparer notre sentiment d'échec, elle nous doit bien ça car on a tout fait pour elle*. Il ne s'agit pas de jeter la pierre à ces parents qui n'ont pas conscience de ce qu'ils ont investi dans leur progéniture, mais de libérer celle-ci d'une mission qui ne lui appartient pas. Le problème est que le pli d'exigence et de perfectionnisme est pris, il est donc très difficile de s'en dégager. Comme dit Rose, *c'est en moi, je ne peux pas faire autrement, il faut que je sois la première de la classe. Si j'essaye de relâcher un peu, je me sens coupable, je stresse donc je dois retravailler. Aujourd'hui ce n'est pas à cause de mes parents qui ont compris et me laissent libre.*

Il faudra plus de deux ans, des distractions, un petit copain, des parents qui la sollicitent pour sortir, avant que Rose ne s'autorise à penser et vivre sa vie autrement qu'à travers le travail scolaire. Cela n'empêche pas sa réussite. Au contraire, les obstacles cognitifs liés au stress et à sa dualité inconsciente entre le désir parental et faire naître son désir, se sont peu à peu levés. La qualité de l'attention, de la concentration et de la mémoire est étroitement liée à la capacité du cerveau à se montrer disponible, c'est-à-dire moins encombré par la peur et les émois contradictoires entre culpabilité et révolte agressive.

En même temps que la psychothérapie de Rose, fallait-il proposer aux parents qu'ils se plient au même exercice, individuellement, en couple ou en thérapie familiale ? La tentative de suicide de Rose a agi tel un électrochoc sur eux. Ils ont compris la gravité de son état et ont entamé une remise en question de leur éducation. Était-ce suffisant ? L'évolution de la relation psychoaffective ne dépend pas que des positions éducatives. Leur résolution de rendre leur fille heureuse sans faire peser leurs aspirations sur elle devait être consolidée par leur propre épanouissement. Plutôt que de les adresser à un autre thérapeute comme les psys le font afin de ne pas interférer dans la psychothérapie de l'enfant avec le risque de la compromettre, j'ai attendu que Rose soit prête pour lui proposer des entretiens avec ses parents sur le mode d'une thérapie familiale informelle. Pourquoi ce choix ? D'abord pour que Rose formule elle-même à ses parents ce qu'elle a compris et ce qu'elle aimerait entendre de leur part. Elle le fait avec prudence et avec tact. Je l'écoute, et les parents l'écoutent d'autant plus attentivement que ma présence les y oblige. Cela fonctionne bien, entre critiques à fleurets mouchetés, justifications, pleurs, embrassades. C'est ainsi qu'ils découvrent enfin leur fille et cela se fait plus vite qu'en allant chacun de son côté entamer une psychothérapie. Cela a aussi permis à ce père de rencontrer un psychologue dans un deuxième temps, ne voulant pas encombrer sa fille de son histoire d'enfant plutôt pénible.

Tout cela n'aurait pas été possible sans l'information, la coordination et le soutien des enseignants de Rose qui ont joué le jeu en lui proposant un aménagement très souple de son emploi du temps et des contraintes d'évaluation. C'est loin d'être toujours le cas. La rigidité de certains établissements et enseignants oblige à prolonger la déscolarisation au risque de perdre une année scolaire. Certes, elle n'est pas vraiment perdue car le travail de fond de la psychothérapie agit pour l'avenir et le bien-être de l'enfant, donc pour sa réussite. Mais la sollicitude des enseignants de Rose était idéale. La surdité de certains établissements scolaires face à de tels blocages, qu'ils seraient aptes à d'adoucir, n'est pas tolérable. Au prétexte de ne pas déranger leur organisation – on peut reconnaître que ce soit compliqué –, la direction et les enseignants se retranchent derrière l'obligation de présence pour refuser un aménagement temporaire crucial lorsque l'élève est en danger. Certains en viennent à menacer les parents d'un signalement s'ils n'apportent pas dans les plus brefs délais un justificatif médical pour l'absence de l'enfant alors qu'ils savent pertinemment qu'il est en souffrance. C'est souvent le motif de la première consultation chez le psychiatre et son premier acte est de rédiger le certificat médical d'absence. Afin de ne pas majorer l'angoisse de l'enfant et des parents, il y ajoute souvent une demande de mise en place d'une adaptation transitoire pour transmettre les cours à domicile, tout en insistant pour calmer le rythme de travail. En effet, il faut naviguer entre le stress du décrochage et la nécessité du repos, selon le niveau d'épuisement et d'angoisse. Le repos complet, s'il est parfois indispensable, peut accentuer les symptômes car être trop éloigné du travail de la classe est en soi une source d'anxiété pour un élève studieux.

Repos et réconciliation furent les deux axes de reconstruction de Rose. L'épuisement était d'autant plus important qu'il remontait à plusieurs années. Se mettre à son bureau devant une leçon ou un devoir était devenu un cauchemar. Ce qui était vrai pour Rose l'est presque de façon générale pour tout enfant studieux, perfectionniste, qui s'épuise jusqu'à craquer. Le *burn-out* scolaire est une réalité qui touche presque autant les enfants que les adultes. À l'origine de l'épuisement d'un élève, il y a parfois d'autres problèmes que l'exigence tyrannique sur soi-même. Les difficultés cognitives ou instrumentales obligent à redoubler d'efforts. Il peut s'agir aussi d'un développement psychique ou neuropsychique qui compromet les acquisitions scolaires, soit en les empêchant par une incapacité, soit en les retardant par simple immaturité. Là aussi, l'enfant peut redoubler d'efforts sans obtenir de résultats satisfaisants ni pour lui ni pour ses parents qui parfois s'impatientent et n'acceptent pas ce déficit, même transitoire. Surcroît de travail, stress, les ingrédients sont là pour faire un *burn-out*. Ce n'était pas le cas pour Rose qui n'était pas en mesure d'amorcer par elle-même son extraction du désir parental pour aller vers sa maturation adolescente et l'affirmation d'un désir propre.

III – Faut-il se fier aux solutions trouvées par l'enfant ?

J'ai juste besoin de faire une petite pause

Tout est dans la nuance : les mots *juste* et *petite* amadouent les parents. L'intonation en forme de discrète supplique les invite à se rapprocher de leur *toujours petit enfant* et la mimique séductrice clôt le tout : *il nous fait craquer avec sa bouille de clown*. Lors de la première consultation, la mère raconte :

« On ne s'en est pas vraiment rendu compte. La première fois, Robin nous a dit : *Aujourd'hui je ne vais pas à l'école*. Il était un peu malade, on l'a laissé se reposer. Le lendemain, il a continué : *je ne peux pas, je suis trop fatigué… je n'arrive plus à me lever*. Après quinze jours, le collège s'impatientait et nous aussi. Je l'ai conduit chez notre médecin, qui l'a trouvé pâle, a prescrit un bilan biologique et le test de mononucléose, la maladie des adolescents. Tout était normal. Devant lui, Robin nous a dit : *J'ai juste besoin d'une petite pause*. Quand le médecin a prolongé le repos d'une semaine, il nous a regardés avec un petit sourire. Depuis, si on veut le stimuler pour partir à l'école, il répète sa petite phrase. Ça fait trois semaines et on ne s'en sort pas.

Après un mois de déscolarisation, la mère commence à comprendre le petit jeu de son fils tandis que le père, qui a renoncé à s'en occuper, ajoute :

— Il fait marcher sa mère, il sait comment la prendre, et moi je n'ai rien à dire, sinon je suis le père fouettard. Depuis le début, c'est la mère poule et il en profite. Ce n'est pas comme ça qu'il va y arriver.

Robin, un instant embarrassé, se met à grimacer et à pleurer en disant à son père qu'il ne comprend rien et qu'il ne s'occupe jamais de lui. La mère enchaîne :

— Et toi, tu cèdes à tout. Tu lui as acheté un quad à Noël, un téléphone et une tablette à son anniversaire. À chaque fois qu'il te demande quelque chose, tu dis oui.

— Eh oui, sinon il fait une crise, tu l'as tellement habitué à tout lui céder que maintenant, on ne s'en sort plus », répond le père.

Je demande à Robin ce qu'il en pense, si c'est une bonne chose que ses parents cèdent si facilement. Il baisse la tête et marmonne un *non* qui semble vouloir dire *oui*. Son jeu n'est-il que caprice ? Au fond, voudrait-il autre chose, en refusant d'aller à l'école, que de s'éviter l'effort et rester dans son cocon où tout lui est dû ? C'est là une vraie bonne question à se poser, à lui poser et à poser à ses parents. Certes, on pourrait simplement lui dire : *Ça suffit tes caprices, demain tu retournes à l'école, c'est comme ça et pas autrement*, mais, d'expérience, ça ne marcherait pas. Il retournerait peut-être à l'école en traînant des pieds et sans y mettre du sien jusqu'à la prochaine tentative de fuite, ce qui ne manque pas d'arriver dans ces situations. Tout ce qui s'est dit dans ce premier entretien prolongé devra être le point de départ d'un changement, mais lequel ?

Les parents croient connaître leur fils. Robin croit pouvoir manipuler ses parents afin d'obtenir ce qu'il veut, et qui ne le mènera à rien sinon à s'éviter l'effort et la vraie vie. Donc les parents doivent sortir de leur aveuglement et Robin comprendre que son petit jeu le dessert et l'empêche de grandir. Pour la mère, il est difficile d'accepter qu'elle se fasse berner depuis longtemps par son petit chéri qui n'est pas, ou qui n'est plus, ce qu'elle croyait. Qu'il serait bon de pouvoir garder une image idyllique de ce fils qu'elle n'a pas réellement envie de voir grandir ! Au fond, quand il est à la maison, reconnaît-elle, il est tout à elle. Quant au père, il va bien falloir qu'il s'engage dans l'éducation de son fils en acceptant de se coltiner ses crises parce qu'il ne s'agit plus de céder à tout, et que le *gâter* ainsi prend à la fois son sens d'*offrir* et d'*altérer*. S'investir pour tempérer l'affect maternel possessif, c'est aussi lâcher ses tâches sérieuses afin de privilégier une relation père-fils, tellement importante s'il ne veut pas compromettre l'avenir de Robin. Le père est désabusé et la mère décontenancée face à cette crise qu'il va leur falloir affronter.

N'étant pas à quelques semaines près pour régler un problème de fond, je propose que Robin se repose, oui, mais un vrai repos

III – Faut-il se fier aux solutions trouvées par l'enfant ?

sans écran ni activité ludique, ni sortie avec les parents. Bref, un repos pour réfléchir et comprendre l'impasse dans laquelle il se piège. Autant dire que Robin n'apprécie pas du tout ma position qui satisfait le père, même s'il craint des crises à la maison : *Mais il nous en a déjà tellement fait voir qu'un peu plus ou un peu moins, j'accepte l'offre.* Quant à la mère, elle se plie de mauvaise grâce.

C'est dans ce contexte d'hostilité que je reçois Robin seul. Premier moment assez froid, il est mutique, renfrogné.

« Au fond, que veux-tu ? Tu as eu ta petite pause, et maintenant il faudrait y retourner mais quelque chose te fait peur. Tu as une petite idée ? Le collège, c'est difficile ? Le travail, l'effort, les autres ? À moins que tu aies peur de grandir ?

Il me regarde avec un sourire de poupon et ajoute :

— C'est pas cool, ce que vous avez dit à mes parents. Ils n'y sont pour rien, c'est moi : je n'ai pas envie que ça change. Oui, c'est vrai, j'ai peur de grandir, et alors ?

J'ajoute :

— Tu as le droit d'avoir peur, et peut-être que tu as raison. On en demande de plus en plus à un grand garçon et tu constates que le monde des adultes n'est pas très facile. As-tu des difficultés au collège ? »

Il me raconte qu'on le traite de bébé, de nain, car il est le plus petit de sa classe de 5e. Il a peur des grands élèves et des professeurs car il ne comprend pas tout ce qu'ils disent. Il stresse mais ne veut pas le montrer. Alors il préfère se réfugier à la maison mais il sait que ce n'est pas la bonne solution. Si je pouvais lui éviter d'y retourner, ça l'arrangerait mais ce n'est pas ça qu'il demande, au fond. Au fil des entretiens, je m'aperçois qu'il est en quête d'un mode d'emploi pour prendre sa place de grand, tout en étant persuadé qu'il n'y arrivera pas. Le cocon maternel est sa seule solution de repli mais c'est un piège.

Deux fausses bonnes solutions sont de fait écartées : ni rester à la maison, la solution de Robin, ni pousser celui-ci à retourner au collège en le privant de son confort d'enfant gâté, solution qui se dégageait de la plainte des parents dans laquelle j'avais commencé à m'engager. Toutefois, celle-ci a permis à Robin d'exprimer ses difficultés à amorcer son adolescence et à demander de l'aide. Tout en respectant le secret médical, je dis au père que son rôle est essentiel pour l'évolution de Robin, en lui faisant comprendre que son fils attendait un mode d'emploi pour grandir et affronter la vie. Je lui propose de se souvenir de son adolescence et de raconter à son fils comment il s'y est pris pour faire face à des situations délicates, anecdotes en prime. Il ne s'agit pas de faire une leçon de morale à son fils mais de lui ouvrir la voie, lui donner des pistes, des mots, des attitudes qui lui seront utiles pour devenir le jeune homme qu'un père peut espérer. Le message a été bien reçu et Robin a repris le chemin de l'école dans une complicité avec son père qu'il n'avait jusqu'alors pas connue. Contrairement à ce que l'on supposait, la mère en fut satisfaite, loin de l'*a priori* qui en faisait une mère possessive écartant le père.

Cette vraie bonne solution d'accompagnement à grandir fut enfin trouvée. Après l'erreur initiale, du fait de l'apparence que donnaient à penser l'attitude de Robin et les propos des parents, l'écoute chaleureuse et attentive, indispensable, quelle que soit la situation de blocage, a autorisé Robin à dévoiler son malaise : être le prisonnier de son enfance gâtée (qui signifie, là, *dégradée*) et de percevoir l'adolescence comme un mur infranchissable.

T'inquiète, je gère

Léopold, 13 ans, consulte après plus de trois semaines de déscolarisation. Ces parents sont anxieux, même si leur fils les a rassurés en minimisant le problème. *T'inquiète, je gère* semble, aux dires de sa mère, être sa phrase fétiche mais qui, dans sa situation, ne tient pas. À force d'insister, il craque, en pleurs, les parents comprennent enfin le motif : harcèlement par un groupe d'élèves. Ils ont préféré prendre une mesure conservatoire et le garder à la maison en attendant la réaction du collège aussitôt saisi. Tout semble avoir été fait, informations et sanctions, afin de faciliter un retour de Léopold dans de bonnes conditions, mais il ne se sent pas du tout prêt à y retourner. Il reste très choqué par les insultes (*pédé*, *tantouse*, et autres humiliations) et craint que ça ne recommence. Les parents le comprennent, mais ils redoutent qu'il gâche ses chances et son année scolaire.

Léopold demande à me voir seul, ce qui présage une confidence plutôt embarrassante, suffisamment pour ne pas l'évoquer devant ses parents.

« Je crois que les harceleurs, ils ne savent pas de quoi ils parlent et que ce n'est pas bien. Je suis le plus petit de la classe de 5e et, pour eux, je ressemble à une fille. C'est parce que je ne suis pas très musclé et ma voix n'a pas encore mué. Comme je ne joue pas bien au foot, ils m'insultent : c'est ça, le collège. On ne peut pas trop leur en demander. Ils ne sont pas bien informés sur le harcèlement.

Je lui réponds :

— C'est vrai, tu es plutôt fin, et si tes longs cheveux sont beaux, pour eux, ça peut prêter à confusion. Mais, dis-moi, pourquoi tu les défends ? On dirait que tu les protèges et que tu as peur de leur reprocher d'être méchant avec toi.

Silence, il me sourit, hésite à se lancer :

— C'est comme ça, je n'aime pas dire du mal des autres. Je ne sais pas pourquoi mais j'ai besoin de leur pardonner. Je préfère être gentil, et si tout le monde faisait comme moi, ça serait cool. »

C'est vrai, une gentillesse émane de cet être intelligent, attachant et à l'allure androgyne. Il se dégage de lui une empathie, une attention et une disponibilité qui malheureusement n'ont pas cours dans un monde de brutes. Il a besoin de cela, et c'est pourquoi il ne peut retourner au collège.

Un accord est trouvé avec l'établissement, compréhensif, pour un aménagement vers un retour scolaire progressif, passant du travail au domicile vers une scolarisation plus ou moins à la carte en fonction du ressenti de Léopold. Tout se passe bien, il n'y a qu'en sport et dans les travaux de groupe qu'il ne parvient pas à s'intégrer mais c'est un petit problème comparé au blocage initial de sa déscolarisation.

Je lui propose d'espacer les entretiens mais, dès le mois suivant, le père sollicite un nouveau rendez-vous et entre dans le cabinet avec son fils, qui lui a aussi demandé de commencer à parler car c'est trop difficile pour lui.

« Voilà, Léopold ne se ressent pas être un garçon. Il nous en avait déjà parlé et j'avais banalisé, en lui disant que chacun était garçon à sa façon, qu'il n'avait pas besoin pour cela de jouer au foot et de rouler des mécaniques, mais ça revient. On a eu ensemble une longue discussion après un film. Il m'a dit qu'il voulait devenir fille, que c'était possible, qu'il s'agissait d'une transition, et qu'il était prêt à le faire. Vous le savez, mon fils est très intelligent. Il réfléchit mieux que moi et, s'il me dit cela, je crois qu'il sait bien ce qu'il dit.

J'avais déjà remarqué la pertinence et l'intelligence de Léopold mais là, je restais bouche bée, j'étais passé à côté du problème de ce jeune qui, soulagé, reprend la parole :

— Depuis que je suis tout petit, je me sens mieux avec les filles, j'aime jouer avec elles. Je ne me suis jamais disputé avec une fille. Elles ne sont jamais violentes, enfin, avec moi car entre elles cela peut être terrible aussi. Alors quand j'ai regardé ce film, je me suis décidé à parler avec mes parents. J'y pense depuis l'entrée au collège. C'est pour cette raison que je comprends les garçons, je ne fais pas partie de leur clan, et ça ne me dérange pas.

Après l'avoir remercié de me faire confiance, je lui explique les démarches en lui précisant que c'est compliqué, que c'est assez long et que l'on n'a pas toujours le résultat escompté.

— Je sais tout ça, je suis allé sur les forums où on explique ce qu'il faut faire. Je n'attends pas un miracle, je voudrais juste me sentir mieux. Je crois que cette transition pour être fille m'aiderait

III – Faut-il se fier aux solutions trouvées par l'enfant ?

beaucoup. Je vous en parle aujourd'hui mais ce n'est pas pour qu'on entame aussitôt les démarches. Je ne suis pas pressé, il faut que mes parents s'habituent et que je me sente vraiment prêt. »

Nous convenons qu'il vienne me rencontrer à chaque fois qu'il le ressent.

Quelques mois après, il revient me voir pour me dire que tout va mieux, qu'il pense toujours à la transition mais qu'il n'est pas du tout pressé et que peut-être même il ne la fera pas. En effet, il s'est trouvé un groupe de copines et de copains qui font du théâtre. Il les a rejoints et c'est une révélation pour lui. D'après ce que lui a dit le professeur, il est bon acteur et envisage de poursuivre… et pourquoi ne pas en faire son métier ?

La vraie bonne solution dans le cas de Léopold, c'est déjà la mobilisation des parents et du collège qui font le nécessaire pour enrayer le harcèlement et faciliter le retour d'un jeune qu'ils apprécient et en qui ils ont confiance. Mais cela ne suffit pas pour effacer le traumatisme. En revanche, cela permet à Léopold de s'ouvrir à ses parents et à son psy de son vécu androgyne, un entre-deux difficile à assumer. Dans un premier temps, en lisant sur les forums l'actualité et les discussions autour de l'assignation sexuelle, il interprète son mal-être comme une erreur de sexuation qu'il s'agit de réparer par une transition avec l'aide de l'administration, qui évolue dans ce domaine, et des médecins, ce afin de devenir fille. La fausse bonne solution eût été d'accéder précipitamment à sa demande qui, il l'a dit lui-même, n'était pas si urgente. Au fond, il avait besoin qu'on entende et respecte sa différence, qu'il puisse vivre sa part d'expression féminine plus développée qu'habituellement chez les garçons qui doivent y renoncer pour être des *mecs*. Faire confiance à son intelligence, à sa pondération et ne pas chercher le remède miracle à son blocage, c'était ça la vraie bonne solution en attendant qu'il se découvre lui-même, qu'il trouve ses marques d'adolescent, ce qui fut le cas grâce au théâtre.

Lâche-moi, je vais tout faire sauter

Un mois que Maxime est déscolarisé, et, s'il accepte de venir me consulter, c'est sous la menace maternelle d'un placement car elle n'en peut plus de son comportement. Il a pris la menace au sérieux même si, fanfaron, il défie sa mère de le faire. Elle n'en sera pas capable, il veut s'en persuader en la mettant à l'épreuve au quotidien. Pourquoi cette déscolarisation ? Les professeurs n'en peuvent plus de son arrogance, de son insolence. Il conteste leur pédagogie et cherche à les prendre en défaut, ce qu'il est capable de faire car il met son intelligence hors du commun au service de cette contestation permanente. Exclu trois jours par le conseil de discipline du collège, ce jeune, âgé de 14 ans, a décidé qu'il ne remettrait plus jamais les pieds dans un établissement scolaire.

Il est très pénible de supporter les consultations avec Maxime et sa mère. Odieux, il l'insulte en ma présence. Je suis conscient de sa provocation de petit chef à son égard, qui vise à me *montrer ses muscles*. Il sait tout, il est le plus fort et tous les autres sont des bouffons, des sadiques, des dictateurs, y compris sa mère et bien sûr tous les psychiatres *qui emprisonnent des gens alors qu'ils ne sont pas malades, et les gavent de médicaments pour les tuer*. Il veut me tester, me faire réagir, créer le conflit pour se prouver et me prouver qu'il est le plus fort, le plus intelligent. Tomber dans le panneau serait une grave erreur. Je ne réagis que sur le respect qu'il doit à sa mère, qui n'ose plus réagir et n'en peut plus lorsqu'il l'invective devant moi en esquissant un coup de pied :

« Lâche-moi, pétasse, tu ne sais pas ce que tu dis. Je vais tout faire sauter, tu verras le feu d'artifice à l'école… tous pareils, vous êtes tous des minables. »

Il a l'audace d'affirmer qu'il la respecte tout en l'insultant dès qu'elle ose me parler. Son cas fait penser à celui d'Hugo, dont j'ai décrit la situation dans le chapitre « J'en ai rien à foutre, je fais ce que je veux », qui s'est soldé par sa relative réussite grâce au CNED et un excellent éducateur. Autant dire que cela m'aide à supporter ce sale gamin qui risque de virer à la délinquance si je ne réussis pas à trouver l'origine de son défi permanent à l'égard des adultes. Donc, la fausse bonne solution serait de souscrire à l'idée d'un placement qui épargnerait sa mère et le mettrait face à la dure réalité des relations sociales. Mais à coup sûr, cela embraserait la révolte. Il me faut donc établir une relation de confiance avec lui afin qu'il quitte son armure de guerrier tout-puissant et révèle son vrai visage derrière l'arrogance et le rejet de tout. Il s'exclut, fait tout pour être exclu, donc je ne dois surtout pas l'exclure.

La déscolarisation et l'attitude de défi destructeur de Maxime sont aux antipodes de ce que présente Léopold, dont l'intelligence se veut constructive alors que celle de Maxime est au service d'un ravage systématique de la relation hiérarchique comme des relations avec les autres élèves qu'il méprise. Il est convaincu d'une injustice fondamentale à son égard. Il est urgent d'en comprendre l'origine avant qu'il ne s'isole complètement et que sa mère ne le rejette, ce qui commence à se produire. Dans son état, il est inenvisageable de lui proposer un établissement dont il se fera rejeter, répétant un déroulement morbide de provocation, exclusion, victime, renforcement de la provocation jusqu'à l'exclusion qui a pour fonction de lui prouver qu'aucune autre voie n'est possible. La psychothérapie va donc s'attacher à démonter ce processus en revenant à une injustice de départ, du moins vécu comme telle. C'est cela la vraie bonne solution qui sera efficace sur le long terme.

Trouver rapidement une issue constructive suppose à la fois de protéger et de soutenir la mère afin qu'elle ne concrétise pas un rejet qui serait fatal pour Maxime. Tandis que la psychothérapie approfondie se poursuit et porte, comme c'est souvent le cas dans ces situations, sur une figure paternelle défaillante et violente, des séances avec mère et fils permettent d'explorer le peu de pistes envisageables. Après bien des cris et des esclandres, l'option est prise d'un cursus CNED associé à une mesure de soulagement pour sa mère, présentée à Maxime comme positive. La grand-mère, avec laquelle il est moins agressif, accepte qu'il vienne chez elle durant la journée mais à condition qu'il travaille, ce qu'il promet du bout des lèvres. Il ne faut pas trop lui en demander. Le pari est qu'il puisse mettre son intelligence au service de la connaissance et de la réussite qui lui permettrait, comme il le souhaite, de devenir un homme politique capable de réformer ce *monde pourri* qu'il déteste pour des raisons qu'il ignore encore. Ne craignons pas la naissance d'un nouveau dictateur, pourvu que sa psychothérapie avance dans le bon sens.

Il nous faut accepter que la vraie bonne solution soit précaire et parfois bancale, faute de mieux. Partons du principe qu'il faut toujours faire confiance à un préadolescent et à sa capacité de faire naître en lui la personne de caractère qui ne résout pas ses impasses en détruisant les autres, ce qui est malheureusement trop souvent le cas, y compris en politique. Les témoignages des médecins d'Hitler qui l'ont soigné lors de la Première Guerre mondiale vont dans le sens (non confirmé car Hitler a fait détruire ses archives médicales) d'une névrose traumatique mal soignée par une thérapie comportementale visant à le galvaniser afin de le remettre sur pied et de consolider sa blessure psychique. Ce qui devait arriver arriva, la galvanisation s'est traduite par sa revanche dans un esprit de vengeance contre ses ennemis jurés : l'intelligence et la réussite. Bâtir un empire sur les ruines de sa destruction méthodique de l'humanité fut, entre autres, le résultat d'un échec thérapeutique. Il ne faut jamais oublier ces situations extrêmes quand on soigne un jeune comme Maxime qui peut, si on est maladroit et qu'on aggrave son exclusion, très mal évoluer.

La vraie bonne solution était d'éviter un rapport frontal qui nourrisse la destructivité à son égard et au nôtre, mère et soignant. Cela ne veut pas dire tout accepter de lui ; entre autres, il doit le respect à sa mère qui ne l'a jamais lâché. De la même façon qu'on peut se dire que si Hitler avait été reçu aux Beaux-Arts, si on avait considéré sa fibre artistique, rien du désastre de la Deuxième Guerre mondiale et de la Shoah ne serait arrivé. Je dois me servir de la seule opportunité à ma disposition : révéler la créativité de Maxime. Ce qu'on appelle sublimation permet de créer de belles œuvres artistiques et des inventions. Transformer les pulsions sexuelles et les impulsions destructrices à travers la créativité permet de résoudre des conflits et des souffrances intérieures qu'il est salutaire, et même vital, d'exprimer, mais sous une forme socialement compatible et, à terme, constructive. Réussir dans son cursus CNED répondra pour une part à cette sublimation mais cela ne suffira pas car ce qui est scolaire renvoie Maxime à la frustration de sa toute-puissance. Il ne peut y trouver un réel exutoire à la pression de son intelligence fulgurante et de ses pulsions agressives, l'ensemble entremêlé étant au service de la destruction de l'autre et de l'ordre établi. Comme Léopold, il a trouvé dans le théâtre une voie d'expression qu'il a complétée, à sa demande, par une initiation au chant lyrique. Ce choix étonnant prouve son efficacité en le libérant de sa terrible pression impulsive. Reste à lui faire confiance dans sa capacité à se réparer psychiquement.

Quand vous arrêterez de vous disputer, j'y retournerai

Sophie, 12 ans, refuse d'aller à l'école depuis plus de quinze jours. Elle a peur de faire un malaise et que tout le monde se moque d'elle. Elle a consulté le médecin traitant à la suite d'un vertige, suivi d'une chute sans perte de connaissance. Le bilan n'a rien montré, si ce n'est une tension basse. Conclusion : malaise vagal à l'approche de la puberté, et conseil : boire, s'alimenter, des vitamines mais surtout consulter un pédopsychiatre. Silencieuse, visiblement timide mais bien entourée par ses deux parents imposants et volubiles, je la sens inquiète. Le père :

« Je ne la comprends pas, on fait tout pour lui faire plaisir et elle réussit bien à l'école. Elle a tout pour être heureuse. À mon avis, elle fait du cinéma ou bien elle nous cache quelque chose.

La mère :

— Quand je lui demande de se lever, elle me fait une crise. Rien à faire pour la décider. Je crois qu'elle ne veut pas aller à l'école. Est-ce que quelqu'un t'embête, ma chérie ? »

Sophie esquisse un non de la tête. La mère continue à expliquer le cas de sa fille unique qui n'a, jusque-là, posé aucun problème. Je sens Sophie se rapetisser et commencer à pleurer, donc je demande à la voir seule.

Après un tel passage en force, je ne peux espérer entendre Sophie que si je détends l'atmosphère et lui témoigne une sollicitude solidaire. Je lui dis que ses parents n'ont peut-être pas compris ce qui lui arrive et lui précise que je respecterai le secret médical. *Ils n'arrêtent pas de se disputer, j'ai peur qu'ils se séparent.* La situation campée, on évoque comment elle en est arrivée à se déscolariser. À la suite d'une violente dispute entre ses parents, elle n'a pratiquement pas dormi de la nuit tout en imaginant qu'ils allaient se séparer comme les parents de son amie. Le lendemain matin, elle était incapable de partir à l'école, prise de panique à l'idée de revenir de l'école et de s'apercevoir que sa mère aurait quitté la maison. *C'est souvent le soir qu'ils se disputent, quand mon père rentre du travail. Il est stressé et crie pour un rien.* Elle ne montre jamais son angoisse car elle a la peur de la réaction de sa mère qui s'énerve dès que les choses ne vont pas dans son sens. Préadolescente, à l'approche de la puberté, Sophie est plutôt mature pour son âge. Elle raisonne bien, sa crainte est tout ce qu'il y a de plus logique. J'argumente en lui disant que de nombreux parents se disputent, que c'est très désagréable pour les enfants, mais que ce n'est pas pour autant qu'ils se séparent. J'ajoute :

« Tu devrais leur faire comprendre que c'est pénible pour toi et qu'il faudrait que ça change.

Affolée, elle ajoute :

— Il ne faut surtout pas leur parler de ça, sinon ça ira mal. Ils s'énerveraient encore plus et ils ne m'aimeraient plus. Un jour, ma mère m'a dit qu'elle me placerait en famille d'accueil, j'ai trop peur de ça .»

Les filles parlent beaucoup lors des récréations. C'est une source de dramatisation des situations de chacune d'elles. Et Sophie s'inspire du pire, le témoignage d'une amie placée en famille d'accueil à la suite de violences de la part de ses parents.

Après deux entretiens, Sophie accepte un rendez-vous familial à condition que je parle car elle s'en sent incapable, ce que je fais avec tact face à des parents attentifs. Ils disent qu'ils ne sont pas des ogres, mais leur susceptibilité semble à fleur de peau. Ils écoutent, en souriant, avec des coups d'œil et des gestes tendres en direction de leur fille. Ils la rassurent, lui disent qu'ils seront toujours auprès d'elle, qu'elle pourra toujours compter sur eux, que jamais ils ne se sépareront, même s'ils ont, reconnaissent-ils, des caractères de chien, et qu'ils ne devraient pas se disputer devant elle. Le père n'a jamais eu l'idée qu'elle pouvait les entendre. La mère a du mal à masquer qu'elle est à bout de nerfs, elle lance des regards noirs vers son mari.

« Chérie, ne t'inquiète pas, sois tranquille, on va faire en sorte de ne plus se disputer.

Parole dont le caractère ambigu n'a pas échappé à Sophie. Elle se met à pleurer puis explose :

— Je sais que ça va arriver. De toute façon, vous ne savez pas parler sans gueuler, j'en ai marre. L'école, quand vous arrêterez de vous disputer, j'y retournerai, mais je ne vous fais plus confiance.

La phrase clé est lâchée, autant dire que le père n'apprécie pas ce qu'il juge comme une menace… et la mère d'ajouter :

— Je savais que tu faisais ça contre nous. »

Sophie a beau dire qu'elle ne fait rien contre eux, qu'elle n'y peut rien, que c'est plus fort qu'elle, que ça la paralyse. Elle ne fait pas ça pour les embêter mais ils ne semblent pas comprendre sa souffrance.

En fait, Sophie est traumatisée par les violentes disputes et redoute d'être abandonnée. Il lui est impossible de quitter la maison. Si elle tente de le faire, elle est tenaillée en son corps par l'angoisse. Elle se souvient très bien des paroles de sa mère qui s'est emportée contre elle lorsqu'elle ne réussissait pas à se lever, lui disant : *Toi non plus, tu ne vas pas me faire ch…, sinon je me barre et je vous laisse vous débrouiller tous les deux !* Puis elle avait claqué la porte d'entrée. Sophie était persuadée qu'elle était partie en la laissant seule. Cela n'a fait qu'aggraver la peur de perdre sa mère. Au fond de son lit, terrorisée, culpabilisée de poser des problèmes à ses parents, dès qu'elle se levait, elle avait des vertiges et ne parvenait plus à manger. Elle ne se déplaçait que pour venir à ma consultation. J'ai donc décidé, vraie bonne ou mauvaise solution, de recevoir les parents seuls afin de leur expliquer ce qu'un enfant pouvait ressentir et de leur faire se souvenir de leur propre enfance. Le père, ayant perdu sa mère, avait très tôt été placé dans un internat strict, sans affect. Il reconnaît qu'il en souffre encore. La mère a eu un père violent et ne cesse de comparer son mari à son père. Ils sont faits pour ne pas s'entendre, c'est-à-dire accentuer chacun leur propre souffrance au contact de l'autre. *C'est pour ça que nous n'avons eu qu'un enfant. Je voudrais qu'elle soit plus heureuse que moi. En ce moment, je n'en peux plus, je suis à bout.* Le père semble comprendre que la balle est dans son camp et qu'il doit cesser de s'emporter comme il le fait. Il me demande un traitement calmant et accepte de revenir me voir seul. C'était finalement la vraie bonne solution. Non pas que le père soit responsable de tout, mais il était le seul à pouvoir faire bouger la situation sans que la famille explose.

Rapidement, Sophie a repris le chemin de l'école, accompagnée par son père qui s'est investi dans le mieux-être de sa fille, comprenant qu'elle était seule à pouvoir lui donner ce qu'il n'avait pas eu dans son enfance. C'est en donnant ce qu'on n'a pas reçu que l'on peut l'obtenir. Restait à traiter l'ambivalence maternelle à l'égard de sa fille qui grandit, s'approche de la puberté, et qu'elle a le sentiment pénible de perdre. Progressivement, elle cesse d'user du possessif du style *elle me fait une crise, elle m'a fait un vertige,* indiquant ainsi qu'elle peut la laisser grandir et se détacher, non pas sur le plan affectif, mais sur le plan possessif. La naissance de son bébé a été une révélation pour elle : *Ce sont les plus beaux moments de ma vie. Mais aujourd'hui, j'ai enfin réussi à lui dire que je l'aimais plus que tout et que j'étais fière qu'elle grandisse.* Sophie essaie de quitter sa fausse maturité qui visait à soutenir sa mère et prévenir la séparation de ses parents. Elle peut enfin s'autoriser à vivre sa préadolescence. Dans ses relations, lui reste la peur de ne pas être aimée et d'être quittée au moindre faux pas. C'est la cicatrice de son vécu d'abandon qui l'empêchait de s'opposer, de s'affirmer face à ses parents de peur d'être rejetée, crainte somme toute fondée.

Il est vraiment temps que j'arrête le lycée

Quand je reçois pour la première fois Caroline, 14 ans, elle vient de réussir le brevet malgré une année de 3ᵉ chaotique et de multiples absences qu'elle ne peut expliquer. Simplement, si ça ne va pas, sous-entendu qu'elle est anxieuse ou qu'elle est fatiguée ou qu'elle n'a pas envie, elle n'y va pas. Seule à s'en occuper, dépassée, sa mère sait à quel point sa fille est capable de s'emporter si elle tente de lui imposer quelque chose. Au vu de son absentéisme, le lycée qu'elle brigue est très réticent à l'accueillir. Je comprends que je suis sollicité pour aider Caroline, triste et en colère, à intégrer ce lycée, car si elle se désespère, cela risque, aux dires de la mère qui la connaît bien, de tourner au drame.

Alors que je m'attendais à recevoir un enfant-roi, princesse qui dispose de sa mère et des autres, je me retrouve face à une jeune fille au bord des larmes, en grand mal-être et submergée par ses émotions. Ce n'est pas d'une exigence tyrannique dont il s'agit, mais d'un débordement permanent de sa sensibilité émotionnelle qui visiblement l'épuise. Je sais par expérience que, dans ces situations, le parcours scolaire éprouvant est émaillé de rejets, d'exclusions et d'échecs alors que l'intelligence et les capacités sont au rendez-vous mais en l'état inexploitables. La rencontre et l'échange avec Caroline sont chaleureux, et sa mère est positivement partie prenante. Je soutiens son intégration dans le lycée de son choix, insistant sur le fait qu'elle va être psychiquement accompagnée durant son année de seconde. Elle est acceptée et, enthousiaste, commence bien son année, tout au moins les premiers jours car très vite elle ne se lève plus et ne travaille pas. Il semble qu'elle compte encore sur ses bonnes capacités intellectuelles pour donner le change. Cela ne peut pas fonctionner dans ce lycée exigeant. Absence sur absence, décrochage, crises de colère, d'angoisse, son instabilité s'exacerbe et met en péril son intégration. Le lycée propose plusieurs aménagements qu'elle accueille comme des planches de salut. Mais rien n'y fait, elle décroche jusqu'à se déscolariser complètement. La psychothérapie et la prescription médicamenteuse visant à apaiser l'anxiété et l'impulsivité n'ont pas suffi à la conforter dans sa volonté d'intégration. Le rêve de devenir avocate s'éloigne. Elle ne le supporte pas et déprime.

Était-ce une bonne solution de répondre à cette demande d'intégration dans ce lycée prestigieux ? Y en avait-il une autre ? Probablement celle d'une pause scolaire afin de lui permettre de surmonter son impasse scolaire liée à ses émois bouillonnants, source d'instabilité, de mal-être et d'incapacité à s'adapter et à se conformer au cadre scolaire. Mais pour elle comme pour sa mère, ce n'était pas envisageable. La pause s'impose de fait dans un contexte dépressif qui va permettre à Caroline d'ouvrir la boîte de pandore qui est à l'origine de son émotivité et de sa sensibilité à fleur de peau : décès précoce du père dans un contexte violent, conflit familial interminable autour de la succession. Elle est prise en étau entre sa mère et ses grands-parents, et en souffre. Cette colère, elle la répercute sur sa mère, bien qu'elle-même subisse aussi le chaos familial.

Au fil des séances, Caroline saisit pourquoi elle veut devenir avocate, et qu'avant d'y parvenir il va lui falloir être sa propre avocate dans la violence familiale qu'elle subit. Sa capacité critique et son intelligence hors pair se révéleront grâce à sa compréhension et ses actions pour ne plus être contrainte par le conflit familial qui est devenu un conflit intérieur. Cela produit un brouillard dans sa tête qui accentue son instabilité émotionnelle. Dans ces conditions, elle ne peut s'adapter, malgré ses efforts, aux contraintes scolaires, ni aux élèves, ni aux professeurs. *Avec moi, c'est toujours trop, ça déborde, je m'énerve, je pleure, c'est pour ça que l'école n'est pas faite pour moi. J'ai des amies mais je crois que je leur en demande trop. Du coup, ça fait des histoires et tout le monde me rejette.* Elle comprend son piège, sa vie en dents de scie entre enthousiasme, puis débordement d'affection jusqu'au vécu d'abandon qui la laisse amère, toujours sans espoir. Alors elle se replie dans son lit, et ça repart car elle parvient à trouver de nouvelles amies jusqu'à l'épisode suivant. Elle agit de même si un professeur la prend sous son aile, ce qui n'est pas rare car elle est pertinente et avenante, mais s'il esquisse un geste de désapprobation, elle se prend la tête avec lui et ne revient pas dans son cours. Sa mère est la seule qui lui reste, mais ce pilier est fragilisé par une maladie, autre source d'angoisse pour Caroline.

Il est vraiment temps que j'arrête le lycée. Je n'arriverai jamais jusqu'au bac. Tant pis, je ne serai pas avocate. Je préfère commencer à travailler. Je garde les enfants de la voisine et j'espère trouver une place de vendeuse. Voilà sa conclusion par dépit, plutôt résignée si ce n'était la première étape de la reconstruction psychique. Je ne renonce pas à l'accompagner pour réaliser un cursus scolaire à la hauteur de ses capacités. Pour elle, le temps du soin n'est pas le temps de l'école. Elle ne peut pas mener les deux de front. En effet, lorsque la boîte de pandore s'ouvre, l'instabilité s'aggrave nettement. Mais je l'ai prévenue, informée de cette épreuve du soin pour laquelle elle a donné son accord. Pourquoi s'imposer cela ? Parce que c'est ce qui lui permettra de trouver une stabilité à long terme et d'éviter d'évoluer vers une bipolarité maladive, source de désocialisation et de vie chaotique malgré les soins psychiatriques.

La vraie bonne solution est de mettre en pause la scolarité et de tout faire pour offrir à Caroline un renouveau d'espoir et une capacité à se socialiser. Après le décrochage, les aménagements, vient le temps des petits boulots, source d'expérience dans des familles stables qui lui offrent un autre modèle que le sien, désuni et violent. Les retours qui lui sont faits la valorisent et renforcent sa capacité à se socialiser grâce à sa fierté et à son autonomie. Pour autant, elle serait incapable de se conformer aux standards normalisés d'un lycée. Que penser ? L'école est incapable de s'adapter à certains enfants, ou certains enfants sont, de fait, inadaptés à l'école ? L'effort fait par l'Éducation nationale en faveur des décrocheurs permet à Caroline d'intégrer un microlycée, souple dans ses exigences. Elle s'y rend deux heures tous les soirs. Elle raccroche avec la perspective de passer le bac en deux ans, tout en gardant un rythme de vie original entre le baby-sitting et ses amis.

Quand un enfant cumule une hypersensibilité liée à un événement traumatique et à des conflits familiaux destructeurs, ses chances de s'intégrer dans le milieu exigeant de l'école et dans les relations sociales et affectives sont compromises. L'hypersensibilité n'est pas une maladie en soi et encore moins l'élément d'une pathologie associant haut potentiel intellectuel et haute sensibilité. Mais c'est un handicap psychosocial qui peut devenir définitif si rien n'est fait. Il faut donc transformer cette hypersensibilité, c'est une des fonctions de la psychothérapie, afin qu'elle serve une voie originale et créative. Cela suppose de se donner la peine de concevoir des modèles adaptés à ces enfants, de se doter de moyens et de formations pour les concrétiser. Il faut aussi travailler sur la tolérance de tous aux déviances, quelles qu'elles soient, sauf celles liées à la délinquance qui relèvent de mesures éducatives et judiciaires.

Pour Caroline, il n'y a pas eu de faux pas de la part du milieu scolaire qui n'a cessé de chercher des solutions d'aménagement, mais dans la limite d'un système normalisé. Il n'y a pas eu non plus d'étiquette psychiatrique apposée et la lourdeur de traitements médicamenteux générant eux-mêmes un handicap cognitif lié aux effets secondaires. Il y a eu ses propres initiatives structurantes et la chance d'un microlycée qu'elle a su saisir grâce à ses expériences semi-professionnelles et une psychothérapie bien menée. Aujourd'hui, il n'est pas certain qu'elle veuille encore devenir avocate. Elle se tourne plutôt vers le soin aux enfants et la psychologie.

Ma copine est au CNED mais il faut voir un psy

Le bouche à oreille peut être une source intéressante pour aider à résoudre certains problèmes mais il peut aussi provoquer des effets redoutables, dont celui d'imposer des fausses bonnes solutions. Si l'on y ajoute les informations tronquées ou falsifiées des réseaux sociaux, des lobbys associatifs prônant leur idéologie et de certains médias qui les relaient sans faire le tri, on voit se développer un phénomène de contagion de fausses bonnes solutions face à de vrais problèmes. C'est le cas à l'adolescence, notamment en ce qui concerne les prétendues phobies scolaires qui recouvrent une diversité de refus de suivre un cursus scolaire classique. C'est le cas aussi pour la multiplication actuelle de prises de décision d'une transition de genre sous influence de la mode et des lobbys. Ce sont là de fausses bonnes solutions au vrai mal-être des adolescents. C'est une des raisons pour lesquelles j'écris ce livre, afin de faire le tri entre une situation de souffrance psychique à l'origine d'un blocage scolaire et les autres motifs discutables et contestables de refus.

Il est de plus en plus fréquent qu'un enfant, plutôt préadolescent ou adolescent, vienne à mon cabinet avec la solution toute trouvée à son problème. La plupart du temps, nous en discutons pour comprendre et approfondir ses difficultés, puis chercher ensemble une piste qui produit une solution sans exclure un ultime recours à un cursus à distance tel le CNED. Il arrive aussi, phénomène plus préoccupant, que les parents suggèrent cette solution qui, pensent-ils, sera la meilleure pour leur enfant et, en filigrane dans leur propos, pour eux-mêmes. Conduite d'évitement de la relation sociale, de l'autorité et de l'effort, facilité organisationnelle, posture de confort de l'enfant ou du parent, rejet idéologique des contenus de l'enseignement, refus de grandir et d'affronter le monde, ostracisme à l'égard des classes populaires et refus de se mélanger, parent possessif qui entretient une immaturité, une dépendance de son enfant, prise en otage de celui-ci dans un contexte de séparation conflictuelle qui va jusqu'à l'aliénation parentale et le refus d'autonomie de l'enfant. Ces raisons et bien d'autres peuvent pousser un enfant, un adolescent ou ses parents à consulter un psychiatre avec un cortège de symptômes suffisamment parlants pour que celui-ci, dupé par une mise en scène apprise et bien ficelée, se plie de bonne grâce à leur volonté. Instrumentalisé, le praticien a du mal à s'y retrouver car, principe de précaution oblige, tout symptôme quelque peu alarmant nécessite la prévention d'un danger potentiel (angoisse traumatique, tentative de suicide...).

Éléonore vient à une première consultation, accompagnée par sa mère qui décrit les très fortes angoisses de sa fille tout juste entrée en terminale, dans un lycée où elle ne connaît personne. Jusque-là, elle a fréquenté un lycée français à l'étranger où, toujours selon la mère, elle était particulièrement angoissée jusqu'à décrocher l'an dernier dans un contexte d'absentéisme croissant. Éléonore, silencieuse, laisse parler sa mère dont le débit épuisant est à la mesure de la dramatisation de l'état de sa fille. Je reçois celle-ci seule afin de l'entendre et de saisir les enjeux de ce blocage. Elle confirme son mal-être, reprenant les symptômes décrits par sa mère en y ajoutant des idées suicidaires. Nous convenons de rendez-vous rapprochés tout en essayant qu'elle reste scolarisée. En effet, en terminale, le contrôle continu compte pour une bonne part dans le baccalauréat. Donc le choix des études par Parcours Sup risque d'être limité si elle suit des cours à distance. Après deux semaines, qu'elle décrit comme extrêmement éprouvantes, entre angoisse et impossibilité de se lever, j'accède à sa demande au vu de l'aggravation des symptômes. La mère remercie par téléphone, engage les démarches, me sollicite à plusieurs reprises pour des certificats. La demande faite au CNED pour Éléonore est rapidement acceptée.

Nous convenons d'un nouveau rendez-vous avec Éléonore et, le jour venu, personne, juste un sms laconique de sa mère au dernier moment : *Éléonore ne peut pas venir.* Depuis, plus de nouvelles malgré mes sollicitations, craignant un souci grave pour ma patiente. Il n'en était rien, semble-t-il, ce qui m'a conduit à me remémorer une phrase d'Éléonore qui m'avait surpris mais, soucieux d'approfondir la cause de ses angoisses et de sa prétendue phobie scolaire, je ne m'y étais pas arrêté. Elle est fille d'un directeur industriel et m'avait fait part d'un certain rejet à l'égard des élèves de ce lycée avec une moue que je ne voulais pas prendre pour du mépris. Elle avait ajouté que jamais elle ne serait salariée, à moins d'être dirigeante comme son père… mais plutôt indépendante. Reste à comprendre le rôle de sa mère : soit attentive à des symptômes au point d'aider sa fille à les grossir, soit manipulatrice car il était question qu'elle parte avec sa fille dans le cadre d'une séparation conjugale. Toujours est-il que, malgré mon expérience, j'ai été non seulement instrumentalisé, mais trompé par une mise en scène parfaitement orchestrée. Quand l'intelligence se met au service de la perversion, difficile de résister.

Heureusement, cette situation caricaturale est plutôt rare, mais, sous une forme atténuée, il est assez fréquent de se sentir manipulé, non par le déguisement de symptômes et leur accentuation, mais par la pression d'une menace d'en finir avec la vie ou de se faire mal. La fausse bonne solution est de figer le refus, le décrochage, et mettre en place trop tôt une solution d'aménagement radical type CNED. Il faut toujours se donner le temps de comprendre tout en bricolant, au sens de chercher des aménagements, afin de desserrer le nœud de l'angoisse sans compromettre l'insertion scolaire. Mais le psychiatre arrive souvent en bout de course dans un processus déjà très avancé de déscolarisation qu'il ne peut que constater. D'où l'intérêt de former les praticiens de première ligne afin qu'ils ne prennent pas de mesures intempestives et adressent d'emblée, et au plus vite, l'enfant à un pédopsychiatre. D'où l'intérêt aussi de ne pas se précipiter dans une décision afin de ne pas compromettre l'élaboration d'une vraie bonne solution, avec patience et en toute connaissance des causes du problème.

*

Ma copine est au CNED. Elle m'a dit que pour l'avoir, il fallait rencontrer un psy, c'est pour ça que je viens vous voir, propos naïf qui a le mérite d'être clair : faites en sorte que je n'aille plus au collège car c'est trop difficile pour moi. Jeanne me décrit sa peur dès qu'elle approche du collège, au point de paniquer, de se figer jusqu'à ce que sa mère la ramène au domicile. Celle-ci ne veut pas que sa fille souffre mais elle n'est pas du tout favorable à des cours par correspondance. Elle veut que Jeanne surmonte sa peur et réussisse à retourner dans le *bon collège où elle est, où ses amis l'attendent.*

Après avoir décidé d'un traitement anxiolytique léger et d'une psychothérapie afin de comprendre ce qui lui arrive, que Jeanne accepte, rassurée par le fait qu'un ami lui porte les cours et que les professeurs lui donnent les devoirs par le biais de Pronote, le logiciel d'échange par Internet. Elle s'organise bien et participe activement à la découverte de la source de son angoisse : abandon de son père qui s'est remarié après un départ brutal de la maison lorsqu'elle était petite, naissance d'un bébé chez le père, maladie de sa mère, harcèlement lors de sa première année de collège, d'autant plus grave qu'elle était très vulnérable, compte tenu de son vécu d'abandon. Bref, si j'ose dire et malheureusement, un classique à l'origine des phobies scolaires. Peu à peu, elle prend de l'assurance et se décide à écrire à son père, une lettre ferme à laquelle il répond mollement. Elle réitère et là, elle tape dans le mille, le comparant à un maître nageur qui la regarderait en train de se noyer tout en souriant, puis tournerait les talons, la laissant pour morte. À partir de là, le père a commencé à lui téléphoner puis il l'invite chez lui. Elle n'y était pas prête mais la démarche l'a rassurée au point de lui donner envie de repartir à l'assaut du collège. Cela s'est avéré plus compliqué qu'elle ne l'espérait et que nous l'espérions, sa mère et moi. Il a fallu se résoudre, pour une année seulement, à rejoindre le CNED, ce qui s'est révélé être une vraie bonne solution au vu de ses capacités de travail et d'organisation. Nous l'avons décidé aussi car la réparation des traumatismes pourrait d'autant mieux se faire si on ne prenait pas le risque prématuré de vivre des micro-agressions comme elle risquait d'en subir, encore fragile, dans son collège.

*

Si la différence entre les situations d'Éléonore et de Jeanne est flagrante, c'est d'abord lié à mon manque de vigilance et à mon erreur dans le premier cas. C'est aussi lié au fait que Jeanne, fragile et naïve, est toujours restée simple et authentique. Elle n'a pas hésité face de l'offre de soin dont elle a su tirer le meilleur parti. Et après une année au CNED, elle a repris un cursus classique, soutenue par ses amis. Aujourd'hui, elle va mieux, sans avoir besoin de revoir son père ; il lui suffit de lui parler quand il la contacte, assez régulièrement.

Je veux rester à la maison, tu me feras l'école

Il n'est pas rare qu'un enfant entrant en classe de CP soit déstabilisé et développe des manifestations anxieuses principalement d'ordre somatique : maux de ventre, nausées et vertiges dans un contexte d'inhibition motrice et de tristesse. Le plus souvent, à force de patience et d'attention, l'habitude se prend et les symptômes se résorbent. Pour certains enfants qui ont souvent connu de ces manifestations anxieuses à chaque rentrée scolaire à l'école maternelle, la situation s'aggrave au fil du temps jusqu'à rendre impossible un retour à l'école. C'est le cas de Paul, 7 ans quand il consulte après plusieurs semaines de déscolarisation. Se séparer de sa mère a toujours été difficile pour lui... et pour elle qui veut malgré tout, paradoxal mais fréquent, qu'il grandisse et devienne son *petit homme*, dit-elle en le regardant chaleureusement. Il a dormi dans le lit des parents jusqu'à 4 ans, au motif qu'il était très angoissé le soir, empêchant tout le monde de dormir, y compris les habitants de l'immeuble, source d'un problème de voisinage. Encore maintenant, et plus encore depuis l'entrée en CP, il les rejoint dans leur lit car il a très peur malgré sa veilleuse et la porte entrouverte. Tandis que sa mère évoque sa situation, il se colle à elle, prend son pouce et me tourne le dos. La messe est dite : *je ne quitterai pas maman.*

Pour entrer en contact avec un enfant qui se replie de façon régressive dans le giron de sa mère, il faut être patient et faire preuve d'humour jusqu'à prendre une place dans son périmètre de sécurité. Rien ne sert de faire preuve d'autorité et de tenter séparer de force la mère de son enfant. Ils sont intimement complices, par immaturité affective et insécurité pour lui, par amour et par nécessité pour la mère qui ne veut pas le voir souffrir ni créer une perturbation familiale. Tout ce qui est étranger constitue un danger pour Paul, donc l'école bien sûr, mais aussi le psy qui est en train de parler de son cas avec sa mère. Il se dit : *Que va-t-il arriver, que va-t-il me faire ?* Donc il cherche protection auprès d'elle.

Paul est un gros poupon, un peu pataud, friand de gâteaux, encore très inscrit dans une phase orale de son développement psychique. La mère a su qu'on le surnommait *Kinder Bueno* dans la cour de récréation de l'école, du nom de la friandise dont la publicité sans vergogne est à la hauteur de ses composants nocifs pour la santé. Paul a mis du temps à comprendre que cela signifiait qu'il était gros. Cela n'a fait que renforcer la menace que représentent les autres élèves, plus encore que la maîtresse.

La situation semble bloquée, et je propose de ne pas se centrer sur l'école et d'accepter ce moment de déscolarisation afin d'aider Paul dans cette étape de séparation affective. La mère, ayant pris un congé parental à la naissance d'une petite fille, en accepte le principe, d'autant que Paul, qui a bien accueilli sa sœur, montre tout de même des signes de régression infantile depuis cet événement qui le sépare un peu de sa mère. Il me reste ~~à faire~~ ce travail, somme toute habituel, de faire en sorte de privilégier la relation père-fils afin de dénouer tout en douceur le lien fusionnel mère-fils. Mais Paul ne l'entend pas de cette oreille. Pour lui, rester à la maison doit permettre de renforcer son lien maternel et avoir des activités avec son père ne l'enchante pas du tout. Lorsque celui-ci intervient, il le place au rang des intrus, de ceux qui dérangent et le mettent en danger psychoaffectif.

« Je veux rester à la maison et que tu me fasses l'école, chuchote-t-il à sa mère en me regardant du coin de l'œil.

Celle-ci me le répète, ajoutant :

— Vous voyez comme il est avec moi. À la maison, je ne peux rien faire, il est toujours collé à moi. »

Il me fait bien comprendre qu'il ne lâchera pas facilement sa position hégémonique. Si c'était simple, les parents auraient pu résoudre par eux-mêmes cette étape affective de Paul. En effet, ce n'est ni un caprice ni une tyrannie qu'il exerce sur ses parents, principalement sur sa mère, même si cela en a tout l'air. Il n'est tout simplement pas prêt à franchir cette étape de détachement affectif qui lui ouvre l'entrée dans la société, dont le premier pas pour Paul a été l'école. En effet, jusqu'à l'âge de 3 ans, mère et grand-mère maternelle se sont occupées de lui avec seulement quelques incursions dans un parc de jeux. Donc, si on le force à aller à l'école, ce traumatisme risque de le poursuivre durant toute sa scolarité, et même toute sa vie, avec une tendance au repli, à l'inhibition psychomotrice et au déficit d'attention et de concentration très gênants pour les apprentissages scolaires, l'insertion professionnelle et les relations sociales.

Trois mois ont suffi à franchir cette étape. C'est parfois plus, rarement moins, dans ces situations assez fréquentes et finalement assez simples à dénouer si l'on s'y prend avec tact et en douceur. J'insiste sur la nécessité de cette pause sans passage en force pour entrer à l'école. Si celle-ci est importante tant pour les acquis que pour la socialisation, personne ne peut le contester, il faut y entrer dans de bonnes conditions afin de profiter pleinement des apports qu'elle permet. Une approche judicieuse permet d'instaurer un plaisir d'aller à l'école, d'y rejoindre des camarades, d'ouvrir ses capacités cognitives (mémoire, attention, concentration), dans un climat de sécurité et de valorisation. C'est la vraie bonne solution même si elle ne plaît pas toujours à l'entourage ni à l'école pour qui l'enfant doit se plier à des étapes standard selon les âges définis par une psychologie normative, désormais soutenue par la neuropsychologie prête à dégainer le handicap au cas où il y aurait un quelconque décalage, cognitif ou comportemental.

Je te promets d'y retourner

C'est plutôt réjouissant d'entendre son enfant déscolarisé depuis plusieurs semaines, voire plusieurs mois, dire qu'il se sent prêt, ou tout au moins qu'il va y retourner. On se dit que les choses s'arrangent, ce qui est souvent la réalité après un repos, des échanges de qualité avec les parents et le suivi psychothérapique. Si les difficultés et l'angoisse se sont apaisées, pour autant le retour à l'école n'est jamais simple. C'est un aboutissement qui nécessite une attention particulière et le renforcement transitoire du suivi pour éviter une rechute. L'enfant doit refaire sa place. Il lui faudra répondre aux questions des amis et des autres, se remettre à niveau dans les acquis scolaires. Ce défi peut se retourner contre lui si une masse d'obstacles l'écrase sans qu'il soit soutenu ni encouragé. C'est un énorme effort sur soi dont la motivation relève plus souvent de la peur de décevoir les parents, de perdre ses amis et d'aggraver l'isolement que d'avoir réellement besoin de se rasseoir sur les bancs de l'école. La fierté et le plaisir viendront un peu plus tard. Au début, c'est la pression d'une obligation liée à l'entourage inquiet et au sentiment de culpabilité. Ce peut être aussi, dans la situation de déscolarisation par confort, de perdre ce confort grâce à l'habileté de parents qui ne rendent pas la vie trop facile à leur enfant.

Je te promets, je vais y retourner, furent les paroles que Katia, 15 ans, prononça face à la pression de ses parents qui s'inquiétaient de sa déscolarisation depuis deux mois. Le lendemain matin, au grand étonnement de la mère, elle est partie, détendue, au lycée mais elle n'est pas rentrée le soir. Après vérification auprès d'une de ses amies, elle ne s'est pas présentée au lycée. L'alerte est donnée, les parents la recherchent, téléphonent à ses amis. Ils s'inquiètent et craignent le pire. La police se mobilise dès le lendemain et la retrouve prostrée et en hypothermie sur les marches d'une maison abandonnée... nuit aux urgences, visite du psychiatre de garde et sortie dès le lendemain à sa demande et à celle de ses parents qui promettent de la faire suivre par un pédopsychiatre.

C'est dans ce contexte anxieux que je reçois pour la première fois Katia, entourée par ses parents. Je m'étonne qu'en deux mois de déscolarisation, elle n'ait pas consulté un pédopsychiatre. La mère raconte qu'elle est suivie par le médecin traitant qui a prescrit un anxiolytique, mais n'a pas proposé de consultation spécialisée. Elle précise :

« Dans la famille, on n'est pas trop pour les psys, alors il a essayé de lui parler et nous aussi, mais elle ne dit rien.

Le père ajoute :

— Ce qui nous inquiétait, c'était surtout qu'elle manque le lycée. On a dû passer à côté du problème. Il faut dire qu'elle s'enferme et passe tout son temps dans sa chambre. Si on vient la voir, elle refuse de nous parler. »

J'abrège cet entretien afin de rencontrer Katia avant qu'elle ne se referme. *C'est pas la peine avec eux, ils ne veulent pas comprendre. Tout ce qu'ils veulent, c'est que j'aille au lycée. Ils s'en foutent que je n'aie pas le moral. Ils répètent sans arrêt que je vais me planter, que je vais redoubler, que je n'y arriverai pas, qu'eux, ils vont au travail, alors pourquoi pas moi. Ils m'ont confisqué mon téléphone et interdit de sortir tant que je ne retournerai pas au lycée. De toute façon, je n'ai pas envie de sortir, j'ai juste envie de mourir.* Katia pleure, tout en disant qu'elle les comprend, qu'elle est nulle, qu'elle a honte d'elle, qu'elle n'a jamais voulu les décevoir, mais c'est plus fort qu'elle. Alors, c'est pour arrêter tout ça qu'elle est retournée au lycée mais elle savait bien, en partant, qu'elle n'irait pas. Elle avait pris tous ses médicaments pour se suicider. Après les avoir avalés, elle s'était réfugiée là où, pensait-elle, personne ne la trouverait. Dépressive et suicidaire depuis plusieurs semaines, Katia était en grand danger. Compte tenu du délai d'hospitalisation, sur liste d'attente d'un mois, je propose une psychothérapie intensive avec un relais quotidien par échange de mail afin de répondre à sa demande de confier sa détresse. Après avoir décrit son ressenti de souffrance, sa soumission aux exigences de ses parents, j'ai compris en quoi la solution choisie avait été la plus mauvaise : faire pression pour qu'à tout prix elle retourne au lycée et lui faire la morale en la menaçant. Personne n'a pu ni vraiment voulu l'écouter. Les parents la questionnaient sans vouloir entendre sa souffrance. Le médecin traitant parlait plus avec la mère qu'avec elle. On lui répétait : *Si tu veux t'en sortir, il faudra bosser, nous c'est ce qu'on a fait toute notre vie, alors fais un effort. Ce n'est tout de même pas grand-chose, ce qu'on te demande.*

Rien de tel pour culpabiliser et pour aggraver la dépression de Katia qui en arrive à la honte et au rejet d'elle-même. Mais cela ne répondait pas à la question : pourquoi cette impossibilité à se rendre au lycée jusqu'à l'impasse du suicide plutôt que d'y aller ? Il a fallu instaurer une solide confiance pour que Katia raconte le dilemme douloureux dans lequel elle se trouve entre la pression sur le travail scolaire des parents, celle, normative, du lycée, et celle de l'exigence d'une fille de sa classe devenue sa relation amoureuse dans le plus grand secret. Son amie voulait que Katia en parle à ses parents, impensable défi à l'origine de l'anxiété et du sentiment de culpabilité, Katia étant prise en étau dans un conflit de loyauté entre ses parents et son amie. L'angoisse fut à son comble quand celle-ci l'a menacée de la quitter si elle ne s'exécutait pas, profitant ainsi de son emprise sur Katia dont c'était la première relation, teintée de dépendance et de culpabilité. Katia a dû fuir le lycée pour ne plus la voir et tenter de s'en défaire. Il était tout aussi insupportable de se retrouver face à ses parents, d'où son isolement dans sa chambre à ruminer ce piège. De l'angoisse à la dépression puis à la solution du suicide, c'était pour elle la meilleure et la seule solution : disparaître pour fuir son amie et son sentiment de culpabilité, ce qui a réellement failli se produire.

Si les parents, tout en restant discrets et attentifs, me contactaient pour améliorer la communication avec leur fille, la question qui leur brûlait les lèvres était : *Mais quand va-t-elle pouvoir retourner au lycée ?* Sans rien trahir du secret médical, je les incitai donc à parler d'autre chose avec leur fille. D'un autre côté, j'incitai celle-ci à parler avec eux de ce qui la tourmentait car la mère m'avait dit avoir lu le journal de sa fille. Il s'agissait de notes éparses, codées, qu'elle n'avait pas pu déchiffrer mais qui l'incitaient à penser que sa fille était prise dans une secte. Le fossé se creusait, risquant d'amener sa mère à des actions intempestives. J'en fis donc part à Katia. Passé la rage d'apprendre que sa mère avait fouillé dans ses affaires et lu son journal pourtant bien caché, elle a finalement réussi à accepter de lui en parler, à elle seule… avec son père, pas question.

À la séance suivante, la rage a laissé place à la tristesse car la première réaction de sa mère fut :

« Alors, je n'aurai pas de petit-enfant ? Tu es ma seule fille et ton grand frère est en Chine et ne pense qu'au travail. Tu ne peux pas me faire ça, ma fille.

Plus tard, elle était revenue en s'excusant, ajoutant :

— Je sais que ça existe entre filles, mais tu es sûre, tu as bien réfléchi ? Tu devrais en parler à ton psy, il pourrait arranger tout ça. »

Le résultat fut catastrophique, les idées suicidaires et les auto-mutilations ont repris de plus belle. Sa mère revenait à la charge, proposant de changer de lycée, de partir loin de cette fille qui *pourrissait sa vie*. Katia sauta sur l'occasion pour demander à partir en internat. Je savais que c'était une très mauvaise solution, le risque étant qu'elle se replie encore plus sur elle-même et qu'elle finisse réellement par se suicider.

Nous avons cherché ensemble une autre solution, trouvée auprès d'une tante un peu fofolle que Katia aimait beaucoup mais que sa mère n'appréciait pas du tout. Celle-ci fut difficile à convaincre mais, dit-elle, *si cela peut arranger les choses et l'éloigner de cette lesbienne et de son affinité pour les filles, je suis prête à accepter ça pour elle.* La psychothérapie allait se poursuivre en visio. Cela me semblait la meilleure solution pour se reconstruire loin des parents et loin de son amie tyrannique mais sans être seule, avec un autre regard dont j'espérais qu'il soit constructif. Un aménagement avec son lycée a permis de ne pas compromettre son cursus et, finalement, elle est partie jusqu'à la fin de l'année scolaire. Cet apaisement, loin de tous ses soucis, lui a permis de se séparer de son amie qui pesait trop sur elle et sur sa conscience coupable, tout en s'affirmant face à ses parents grâce au soutien de sa tante.

En fait, la meilleure solution était de lui permettre de s'engager réellement dans son adolescence en quittant le joug parental sans rupture, en s'affirmant face à eux comme face aux autres. La reprise d'un travail scolaire, associé aux nombreuses distractions que sa tante lui proposait, a permis à Katia de se centrer sur la recherche de son désir en se déliant de celui de ses parents (être une bonne élève pour être une bonne fille et, surtout, ne pas les décevoir) et de celui de son amie qui voulait instaurer une relation de couple à la vue de tous, notamment de ses parents, ce à quoi elle n'était pas prête. Katia ne sait pas vers qui va son attirance, filles ou garçons, filles et garçons. Elle veut se donner le temps de découvrir la vie et libérer son désir. De fait, elle a libéré sa tête, de nouveau disponible, et pas seulement pour la chose scolaire. Elle vient de reprendre le chemin de son lycée, s'est inscrite à un sport et des activités culturelles, évitant soigneusement de s'engager amoureusement car elle juge que c'est trop tôt, qu'il y a tant de choses à découvrir. Elle ne veut surtout pas que quelqu'un l'en empêche. Ses parents apprennent à la connaître, à respecter sa vie et son désir. Sa mère se retient de poser des questions, comprenant que vouloir parler avec sa fille, c'est d'abord créer les conditions pour qu'elle ait envie de lui parler.

Je veux rentrer au collège

Marco vient de passer ses deux dernières années d'école primaire à domicile grâce au CNED. En effet, en CE2, il a vécu une situation de harcèlement et de violence physique. L'angoisse traumatique était telle qu'il lui était impossible de franchir la grille de l'école malgré l'aide et la patience de sa mère et de l'enseignante. Il est aussitôt venu consulter. Compte tenu de sa forte angoisse, j'ai dû lui prescrire un anxiolytique durant le premier mois et engager une psychothérapie centrée sur la violence subie. Il est longtemps resté terrorisé et paralysé dans son expression physique et verbale. Le choc fut d'autant plus violent qu'il était, selon sa mère, et cela s'est confirmé, particulièrement vulnérable. Les harceleurs s'en prennent plus souvent aux enfants fragiles, réservés, différents, ceux qui ne jouent pas au foot et n'aiment pas la bagarre, ce qui était le cas de Marco, immature, très proche de sa mère et n'ayant pas connu jusque-là d'adversité tant à l'école que dans la vie familiale. Il ne connaît pas son père, parti sans laisser d'adresse avant la naissance de ce garçon qu'il a refusé de reconnaître.

Très studieux, il a parfaitement réussi ces deux années d'école à domicile, soutenu par sa mère, mais cherchant l'autonomie dans son travail et les tâches quotidiennes. Il s'est affirmé d'une façon singulière. Avec moi, il refusait de plus en plus d'évoquer les choses qui fâchent et rendent triste. Cela se comprend car il se voulait positif et conquérant, un brin agressif dès que je n'allais pas dans son sens, mais plus violent avec sa mère si elle osait le contrarier. En revanche, il continuait à fuir les relations sociales. Agoraphobe, il s'énervait à cause de son angoisse, dès qu'on le poussait à sortir.

Au cours du CM2, il nous déclara qu'il avait décidé de rentrer au collège dès la 6ᵉ. Étonnement, mobilisation de sa mère pour lui éviter le collège de secteur réputé pour sa violence. Un contact très positif est pris avec un établissement privé de haut niveau, à la fois strict et ouvert à la différence, avec une volonté d'inclure les enfants en difficulté en s'en donnant les moyens. Cela signifiait des aménagements et un suivi particulier prêts à se mettre en place dès l'arrivée de Marco. Autrement dit, il était attendu. Mais il a posé ses conditions : *Je ne veux pas d'aménagement, je veux être comme les autres, qu'on ne vienne surtout pas m'embêter*. Il a donc été convenu de l'intégrer *enfant comme les autres*, avec l'espoir que cela fonctionne. J'avoue que j'étais plutôt inquiet car la méfiance et la peur des autres n'avaient pas disparu, malgré des progrès sensibles. Mais il n'y avait pas d'autre voie que de lui faire confiance, ce qui semblait être la vraie bonne solution. Sa mère avait besoin d'espérer avec lui et je n'ai donc pas contrarié ce projet.

Rentrée scolaire et, quelques jours après, il se plaint qu'un enfant l'embête. Sa mère le rassure et lui promet d'en parler avec son professeur principal. Celui-ci, compréhensif, se mobilise autour de Marco et rappelle à l'ordre l'enfant qui l'aurait harcelé. Celui-ci se plaint de la violence de Marco pour un mot de travers, une réaction disproportionnée. La situation va rapidement se dégrader. Chaque mot, chaque geste, Marco l'interprète comme une agression. Une spirale infernale s'enclenche. Plus il réagit violemment, plus il reçoit de remarques, jusqu'à la menace de sanction, qu'il trouve très injuste. Il veut que sa mère intervienne, ce qu'elle fait quotidiennement tout en percevant le piège dans lequel son fils s'enfonce jusqu'à ne plus pouvoir aller au collège. Il exige réparation de ces injustices avant d'y retourner. La décision de l'équipe pédagogique va mettre le feu aux poudres, en posant comme condition au retour de Marco qu'il accepte à ses côtés la présence d'une AESH et que soit supprimé le temps périscolaire, notamment la cantine. Je reçois Marco et sa mère à de nombreuses reprises, et constate sa violence de plus en plus marquée tant dans ses paroles que dans ce regard hostile à mon égard et à l'égard de sa mère totalement désemparée.

La situation est bloquée, on se dirige vers un retour au CNED, mais Marco refuse cette perspective, tout comme il refuse de s'interroger et de se remettre en question. Il ne peut se concevoir que comme victime des élèves et des professeurs qui ont tramé un complot contre lui. Il n'est pas rare que, dans les suites d'un traumatisme, la posture systématique de victime conduise au syndrome de persécution qui se diffuse dans tous les domaines de la vie. C'est la première conclusion qui me vient à l'esprit en ce qui le concerne. C'est oublier de quoi peuvent relever sa différence, sa vulnérabilité, son agoraphobie, notamment d'un trouble atypique sur un registre autistique et persécutif.

La vraie bonne solution aurait-elle été d'identifier dès les premières consultations ce potentiel trouble masqué par la situation traumatique ? Celle-ci occupait le terrain avec des symptômes propres mais aussi communs à l'autisme : mutisme, effroi, paralysie des relations sociales. L'histoire, la différence et la vulnérabilité de Marco ne plaidaient pas en faveur d'un tel trouble, mais plutôt d'une immaturité blessée. L'évolution positive le confirmait, même si des signes pouvaient inquiéter, notamment la violence à l'égard de sa mère et sa froideur affective qui se confirmait lors des consultations. Mais, après tout, ses exigences pouvaient être considérées comme légitimes : être comme les autres pour ne pas être stigmatisé et faire son chemin sans être remarqué, en espérant s'intégrer et se faire des copains. La suite peut aussi s'expliquer sur ce mode : une remarque blessante, ce qu'il redoutait, a mis le feu aux poudres. Plutôt que se replier dans sa souffrance, il est monté au créneau sur le mode agressif. *A priori*, il n'y a pas à regretter d'avoir accepté son choix, il le fallait, mais la nouvelle situation est extrêmement problématique.

Nous en sommes là de cette hésitation sur la bonne solution à trouver. Bien entendu, il est impossible qu'il retourne au collège. Il va falloir lui faire accepter le retour au cursus CNED en attendant qu'il aille mieux, ce que sa mère et moi espérons, afin qu'il reprenne sa place dans la société, si ce n'est à l'école. Le syndrome de persécution qui est apparu oblige à évoquer ensemble le diagnostic d'une pathologie intriquée entre traumatisme et trouble autistique. Tout est pour lui signe d'agression. Il se sent constamment humilié et développe une colère agressive à l'égard de tout le monde, y compris sa mère. Il la juge, considère qu'elle ne le défend pas et qu'elle est complice du collège. Quant à moi, il me parle peu, ne veut pas qu'on croie qu'il est fou, ce qu'il pressent pourtant au fond de lui. L'empathie de tous à son égard n'a pas suffi à lui permettre de s'intégrer au collège qui, bien qu'imparfait, est resté ouvert malgré le problème lié au comportement de Marco.

Il arrive que la réintégration scolaire après une situation de harcèlement se complique d'une impossibilité d'inclusion pour plusieurs raisons : intolérance de l'établissement scolaire, reprise d'un harcèlement, attitude agressive des parents ou phobie de l'enfant. Dans le cas de Marco, la faute ne revient pas au collège qui a fait ce qu'il fallait, mais à un obstacle qui parasite et entrave la socialisation de Marco. Un trouble préexistant est passé inaperçu. Il a été révélé *a posteriori*, aggravé par le traumatisme. C'est une double peine pour Marco qui, actuellement, dissimule son désespoir derrière ses revendications violentes. Celles-ci sont légitimes, non pas du fait qu'il serait encore une fois victime de harcèlement mais que le harcèlement passé à compromis ses chances de socialisation. Actuellement, il est incapable de trouver le mode d'emploi pour s'intégrer dans une vie scolaire quand bien même il serait protégé de la violence ordinaire commune à tous les établissements scolaires. Reste à l'aider à se reconstruire grâce à la psychothérapie et à une approche d'habilitation sociale dans le cadre d'un groupe d'enfants sans laquelle sa socialisation ne sera pas possible.

Que conclure si ce n'est proposer ?

Au fil des chapitres, nous avons pu saisir les diverses raisons de cette aggravation du phénomène de refus scolaire. S'il a été accentué par le bouleversement de nos habitudes consécutif au confinement, il correspond aussi à une mue plus profonde dans le rapport des enfants et adolescents avec les obligations scolaires, l'effort, la promiscuité sociale, l'autorité mais surtout le rapport à soi-même, à son image et au plaisir addictif. Par confort, par opportunisme, des enfants, particulièrement les adolescents, y compris avec la complicité de certains parents, refusent de se soumettre à un cursus scolaire au sein d'un établissement. Il ne s'agit pas de refus anxieux ni de décrochage lié à l'échec mais d'un choix. Est-ce un choix par défaut, par incapacité à se projeter dans cet avenir radieux du progrès qu'on ne peut plus vendre à la jeunesse ? Est-ce un vrai choix de ne plus accepter la contrainte et de restaurer le plaisir comme principe premier qui prévaut sur toute obligation, dont celle de la réalité qui nécessite l'accès à une autonomie ? Il ne faut pas confondre cette évolution avec les cas d'impossibilité à entrer dans l'école ou la classe, d'anxiété, d'épuisement en lien avec la pédagogie sous pression de performance. Dans ces cas, il n'est pas question de choix de la part de l'enfant ou des parents mais du désarroi, de l'impuissance face à ce qui est subi dans l'angoisse, la culpabilité, la honte. Le dépit est d'autant plus grand que les propositions de scolarisation alternative sont le plus souvent inaccessibles ou absentes. Les déclarations prometteuses de mise en place de l'Apadhe ne sont pas réellement concrétisées. Comme souvent, on déshabille Pierre pour habiller Paul, ce qui permet d'éviter des dépenses supplémentaires. Résultat, les moyens humains, matériels et la formation manquent. Donc on renonce, par exemple au Rased, ce réseau d'aides spécialisées aux élèves en difficulté, qui avait pourtant prouvé son efficacité.

La communication de l'établissement scolaire et de ses enseignants avec l'enfant et ses parents est de plus en plus marquée par la défiance et l'incompréhension. De même, l'inclusion scolaire impréparée, chaotique, provoque des situations douloureuses propices au refus scolaire anxieux et à un retrait décidé par les parents pour protéger l'enfant des défaillances institutionnelles et pédagogiques. Les relais hors école, salutaires, affichent complet, notamment les places en institut médico-éducatif, qui manquent à cause d'une politique d'économies drastiques sous prétexte d'inclusion en milieu dit normal dont on sait qu'elle est irréaliste pour des enfants en grande difficulté souffrant dans un milieu scolaire inadapté à leur situation. Si on y ajoute que les écoles et pédagogies alternatives sont empêchées ou étranglées par les contraintes imposées sous prétexte de sécurité et de diktats pédagogiques de l'Éducation nationale, les solutions deviennent très limitées.

Pourtant, nous allons voir, dans le chapitre suivant sur les informations utiles, que tout est là, disponible, riche en propositions diverses qui ont fait leurs preuves. Il faut seulement y mettre les moyens et la créativité, donc se dégager des carcans idéologiques couplés à la folie évaluatrice des décideurs et pédagogues de l'Éducation nationale. Tout n'est pas à jeter, bien sûr, mais les solutions viennent plus souvent d'initiatives créatives de certains établissements et de l'énergie déployée par des enseignants engagés aux côtés de leurs élèves en difficulté. Les faits montrent qu'en matière d'aménagement, d'adaptation aux situations singulières, l'ennemi numéro un est la standardisation, la normalisation et la bureaucratie rigide. Si le projet d'accueil individualisé, PAI, est une initiative heureuse, sa rédaction doit réellement prendre en compte les difficultés de l'enfant et la possibilité d'appliquer le dispositif, sinon, comme je le vois trop souvent, le désarroi de l'enfant et des parents se creuse, plein d'amertume. Il suffit de lire les commentaires sur les forums et les réseaux sociaux dédiés à la phobie scolaire pour le constater.

S'il n'y avait qu'une proposition à retenir, ce serait de donner une vraie initiative aux enseignants pour rendre leur pédagogie attractive, adaptée à notre temps. Cela suppose de desserrer l'étau de l'évaluation permanente et de la course à la performance avec la menace permanente de l'orientation imposée pour cause de prétendu déficit de l'enfant. Cela suppose de rendre de la disponibilité aux enseignants et aux élèves, notamment en s'inspirant des modèles scandinave et germanique : aménagement de l'emploi du temps et réduction du travail imposé au domicile. Actuellement, certains collégiens et lycéens y passent deux à trois heures le soir, après la journée de cours et les trajets en car scolaire qui les ramène chez eux à 19 heures et les reprend le matin à 6 h 30. Aucun salarié n'accepterait qu'on lui impose ce régime stakhanoviste.

Si l'étau se desserre, avec une plus grande disponibilité et un réel apaisement de la pression pédagogique, il devient possible de proposer des projets du groupe-classe et des partenariats avec la société civile afin de rendre l'enseignement plus concret et en prise sur le monde. Autrement dit, le refus scolaire, qu'il soit anxieux ou opportuniste, ne se réduira qu'à condition de rendre l'enseignement attractif, participatif et créatif. À quoi il faut ajouter une veille attentive contre la stigmatisation, le harcèlement, bref, la concrétisation de l'inclusion citoyenne dans le respect des droits et devoirs de l'enfant. On ne laisse pas un élève sur le carreau parce qu'il a des difficultés, ou livré en pâture aux petites frappes et aux harpies. Les professeurs et les directions d'établissement ont à y

Que conclure si ce n'est proposer ?

veiller, y compris en se désolidarisant d'un professeur qui pratique l'humiliation avec ses têtes désignées, qui « saque » avec sadisme en sachant bien que le contrôle continu en forme d'épée de Damoclès compromettra l'avenir d'élèves pourtant studieux.

Retrouver toutes les informations utiles

Législation et obligation scolaire

Depuis la loi du 28 mars 1882 qui visait à rendre l'école primaire obligatoire, laïque et républicaine, les nombreuses révisions dont cette loi a fait l'objet n'ont eu pour but que d'améliorer le principe d'une égalité des chances dans un esprit social-républicain. Les dernières révisions du Code de l'éducation en 2013 et 2019, puis l'article 49 du Code pénal relatif à l'instruction en famille (IEF) ont accru les exigences (motif du retrait en famille, veille sur les décrochages, contrôle de la qualité de l'enseignement). Le but est de maintenir une scolarité, quels qu'en soient le lieu et la pédagogie, en la référant de façon obligatoire à un socle commun de connaissances, de compétences, de culture mais aussi de citoyenneté. En effet, la liberté n'est pas de faire ce que l'on veut, comme on veut et quand on veut. Cette liberté passe par le respect de la loi et des autres, mais aussi par le fait d'accéder à une autonomie et d'être apte à subvenir à ses besoins et ses loisirs. Il y a obligation scolaire de 3 à 16 ans et obligation de se former entre 16 et 18 ans. Quant à l'égalité, dans la réalité sociale, elle s'avère être un leurre. En effet, ce n'est pas que la loi qui en décide mais principalement les choix politiques et économiques.

Si de nombreux décrets et mesures visent à l'équité dans l'accès à un socle commun de connaissances, la diversité des conditions de vie sociale et culturelle avec ses criantes inégalités et ses injustices, se retrouvent à travers la disparité dans les acquis scolaires et le bilan d'absentéisme. Concernant le décrochage sans diplôme, le triste record revient à la population dite défavorisée et ghettoïsée. Reste la fraternité, une valeur qui passe, en premier lieu, par le respect des autres et de leurs différences sur le plan social, culturel et spirituel. Le respect de la laïcité et de la liberté d'expression en est le garant, l'empathie en est le lubrifiant.

L'exacerbation des replis communautaires et les postures de défi relevant d'une forme de terrorisme mettent en question et en péril les principes fondateurs de la république et de la démocratie. Les derniers ajustements de la loi visent à lutter contre les défiances et les séparatismes face à l'enseignement laïc qui n'est pas à l'abri des effets de la terreur et de ses menaces sur les enseignants comme sur les élèves.

Résumons les différents dispositifs et mesures de ces lois :
Les parents sont tenus de veiller à l'instruction scolaire de leur enfant mais il leur est possible de choisir de quelle façon : école publique, privée ou à domicile. L'exigence requise est que l'enfant maîtrise le socle commun des connaissances en fin de scolarité, si possible de chaque cycle : maternelle, primaire, secondaire. L'école est obligatoire à partir de 3 ans jusqu'à 16 ans inclus. Entre 16 et 18 ans, les adolescents ont l'obligation de se former, sans pour autant suivre un cursus scolaire. Les missions locales assurent le dispositif d'aide à la formation et contrôlent le respect de l'obligation par le jeune.

Lorsque des parents décident que leur enfant suivra un cursus à la maison, le maire de la ville est tenu d'assurer une enquête et la surveillance des modalités de ce cursus afin d'empêcher les dérives de tous ordres visant à éviter une instruction scolaire conforme au socle commun de connaissances[5] (ensemble des connaissances, des compétences, des valeurs et des attitudes nécessaires pour réussir sa scolarité, sa vie d'individu et de futur citoyen). La maîtrise du socle est nécessaire pour obtenir le diplôme national du brevet.

L'enquête du maire et les contrôles permettent d'informer le directeur académique des services de l'Éducation nationale (Dasen) de dérives éventuelles. En cas d'instruction à la maison, il faut justifier de raisons valables et en demander l'autorisation au Dasen qui exige tous les ans un contrôle pédagogique de l'instruction apportée à l'enfant, (dans les faits, compte tenu du manque de moyens, ces contrôles ne sont pas nombreux).

Quels sont les motifs d'IEF qui sont acceptés ? Un problème de santé, une situation de handicap de l'enfant, la pratique sportive ou artistique intensive, l'itinérance familiale en France, l'éloignement de tout établissement scolaire public, mais également si l'intégrité physique, psychique ou morale de l'enfant est menacée au sein de son école. Le contrôle pédagogique veille à l'acquisition par l'enfant des savoirs du socle commun en lien avec les objectifs de connaissances et compétences requis pour chaque cycle d'enseignement. Il comporte l'entretien avec les instructeurs (parents ou autres). Il doit établir et prouver le travail écrit et oral réalisé par l'enfant.

L'enfant inscrit dans un établissement scolaire doit assister aux cours suivant l'emploi du temps. Les absences sont autorisées à condition d'en informer l'école qui contrôle et sanctionne si nécessaire. La maladie de l'enfant, l'affection contagieuse, les événements familiaux, un transport empêché, un déplacement familial indispensable hors vacances scolaires sont des motifs valables à condition d'être signalés et justifiés.

---

5. https://www.education.gouv.fr/le-socle-commun-de-connaissances-de-competences-et-de-culture-12512

Entre 16 et 18 ans, le décrochage scolaire laisse des mineurs voués à eux-mêmes sans avoir acquis une formation et sans perspective d'emploi. Le risque de stagnation sociale et de dérive délinquante est réel. Les conseillers des missions locales accompagnent ces jeunes dans leurs démarches d'emploi et la formation. Ils sont aussi chargés de veiller au respect de l'obligation de formation en lien avec les établissements ressources (centre d'information et d'orientation – CIO –, pôle emploi, établissements scolaires classiques ou de raccrochage tels que microlycée, école de la 2e chance...).

Extraits du Code de l'éducation portant sur la loi 26 juillet 2019[6]

« L'instruction est obligatoire pour chaque enfant dès l'âge de 3 ans et jusqu'à l'âge de 16 ans. Cette instruction obligatoire est assurée prioritairement dans les établissements d'enseignement. L'instruction obligatoire peut être donnée soit dans les établissements ou écoles publics ou privés, soit dans les familles par les parents, ou l'un d'entre eux, ou toute personne de leur choix. »

« Dans le cadre du service public de l'enseignement et afin de contribuer à ses missions, un service public du numérique éducatif et de l'enseignement à distance est organisé pour, notamment :

1° mettre à disposition des écoles et des établissements scolaires une offre diversifiée de services numériques permettant de prolonger l'offre des enseignements qui y sont dispensés, d'enrichir les modalités d'enseignement et de faciliter la mise en œuvre d'une aide personnalisée à tous les élèves ;

2° proposer aux enseignants une offre diversifiée de ressources pédagogiques, des contenus et des services contribuant à leur formation ainsi que des outils de suivi de leurs élèves et de communication avec les familles ;

---

6. https://www.legifrance.gouv.fr/codes/section_lc/LEGITEXT000006071191/LEGISCTA000006166564/2020-10-02

3° assurer l'instruction des enfants qui ne peuvent être scolarisés dans une école ou dans un établissement scolaire, notamment ceux à besoins éducatifs particuliers. Des supports numériques adaptés peuvent être fournis en fonction des besoins spécifiques de l'élève ;

4° contribuer au développement de projets innovants et à des expérimentations pédagogiques favorisant les usages du numérique à l'école et la coopération.

Dans le cadre de ce service public, la détermination du choix des ressources utilisées tient compte de l'offre de logiciels libres et de documents au format ouvert, si elle existe. »

« Lorsqu'un enfant manque momentanément la classe, les personnes responsables doivent, sans délai, faire connaître au directeur ou à la directrice de l'établissement d'enseignement les motifs de cette absence. Les seuls motifs réputés légitimes sont les suivants : maladie de l'enfant, maladie transmissible ou contagieuse d'un membre de la famille, réunion solennelle de famille, empêchement résultant de difficulté accidentelle des communications, absence temporaire des personnes responsables lorsque les enfants les suivent. Les autres motifs sont appréciés par l'autorité de l'État compétente en matière d'éducation. Celle-ci peut consulter les assistantes sociales agréées par elle, et les charger de conduire une enquête, en ce qui concerne les enfants en cause. »

« Le directeur ou la directrice de l'établissement d'enseignement saisit l'autorité de l'État compétente en matière d'éducation afin qu'elle adresse un avertissement aux personnes responsables de l'enfant, leur rappelant les sanctions pénales applicables et les informant sur les dispositifs d'accompagnement parental auxquels elles peuvent avoir recours :

1° lorsque, malgré l'invitation du directeur ou de la directrice de l'établissement d'enseignement, elles n'ont pas fait connaître les motifs d'absence de l'enfant ou qu'elles ont donné des motifs d'absence inexacts ;

2° lorsque l'enfant a manqué la classe sans motif légitime ni excuses valables au moins quatre demi-journées dans le mois.

En cas de persistance du défaut d'assiduité, le directeur de l'établissement d'enseignement réunit les membres concernés de la communauté éducative, au sens de l'article L. 11-3 afin de proposer aux personnes responsables de l'enfant une aide et un accompagnement adaptés et contractualisés avec celles-ci. Un personnel d'éducation référent est désigné pour suivre les mesures mises en œuvre au sein de l'établissement d'enseignement. »

« Le directeur de l'établissement d'enseignement informe les collectivités territoriales et les autorités concernées par la protection de l'enfance des mesures prises dans l'établissement scolaire contre l'absentéisme et le décrochage scolaire. Il est l'interlocuteur de ces collectivités et de ces autorités et doit être informé, en retour, du soutien dont il peut bénéficier afin de mener à bien les missions d'accompagnement des personnes responsables de l'enfant et de prévention de l'absentéisme. »

« L'autorité de l'État compétente en matière d'éducation peut, sur demande des responsables légaux de l'enfant et après avis du directeur de l'école arrêté dans le cadre d'un dialogue avec l'équipe éducative, autoriser un aménagement du temps de présence à l'école maternelle des enfants scolarisés en petite section, dans les conditions définies par décret. »

« Les enfants soumis à l'obligation scolaire qui reçoivent l'instruction dans leur famille, y compris dans le cadre d'une inscription dans un établissement d'enseignement à distance, sont dès la première année, et tous les deux ans, l'objet d'une enquête de la mairie compétente, uniquement aux fins d'établir quelles sont les raisons alléguées par les personnes responsables de l'enfant, et s'il leur est donné une instruction dans la mesure compatible avec leur état de santé et les conditions de vie de la famille. Le résultat de cette enquête est communiqué

Je ne veux plus aller à l'école

à l'autorité de l'État compétente en matière d'éducation et aux personnes responsables de l'enfant. Lorsque l'enquête n'a pas été effectuée, elle est diligentée par le représentant de l'État dans le département. L'autorité de l'État compétente en matière d'éducation doit au moins une fois par an, à partir du troisième mois suivant la déclaration d'instruction par les personnes responsables de l'enfant prévue au premier alinéa de l'article L. 131-5, faire vérifier, d'une part, que l'instruction dispensée au même domicile l'est pour les enfants d'une seule famille et, d'autre part, que l'enseignement assuré est conforme au droit de l'enfant à l'instruction tel que défini à l'article L. 131-1-1. À cet effet, ce contrôle permet de s'assurer de l'acquisition progressive par l'enfant de chacun des domaines du socle commun de connaissances, de compétences et de culture défini à l'article L. 122-1-1 au regard des objectifs de connaissances et de compétences attendues à la fin de chaque cycle d'enseignement de la scolarité obligatoire. Il est adapté à l'âge de l'enfant et, lorsqu'il présente un handicap ou un trouble de santé invalidant, à ses besoins particuliers. »

« Le contrôle est prescrit par l'autorité de l'État compétente en matière d'éducation selon des modalités qu'elle détermine. Il est organisé en principe au domicile où l'enfant est instruit. Les personnes responsables de l'enfant sont informées, à la suite de la déclaration annuelle qu'elles sont tenues d'effectuer en application du premier alinéa de l'article L. 131-5, de l'objet et des modalités des contrôles qui seront conduits en application du présent article. Ce contrôle est effectué sans délai en cas de défaut de déclaration d'instruction dans la famille par les personnes responsables de l'enfant, sans préjudice de l'application des sanctions pénales. Les résultats du contrôle sont notifiés aux personnes responsables de l'enfant. Lorsque ces résultats sont jugés insuffisants, les personnes responsables de l'enfant sont informées du délai au terme duquel un second contrôle est prévu et des insuffisances de l'enseignement dispensé auxquelles il convient de remédier. Elles sont également avisées des sanctions dont elles peuvent faire l'objet, au terme de la procédure, en application du premier alinéa de l'article 227-17-1 du Code pénal. Si les résultats du second contrôle sont jugés insuffisants, l'autorité de l'État compétente en matière d'éducation met en demeure les personnes responsables de l'enfant de l'inscrire, dans les quinze jours suivant la notification de cette mise en demeure, dans un établissement d'enseignement scolaire public ou privé et de faire aussitôt connaître au maire, qui en informe l'autorité de l'État compétente en matière d'éducation, l'école ou l'établissement qu'elles auront choisi. Les personnes responsables ainsi mises en demeure sont tenues de scolariser l'enfant dans un établissement d'enseignement scolaire public ou privé au moins jusqu'à la fin de l'année scolaire suivant celle au cours de laquelle la mise en demeure leur a été notifiée. Lorsque les personnes responsables de l'enfant ont refusé, sans motif légitime, de soumettre leur enfant au contrôle annuel prévu au troisième alinéa du présent article, elles sont informées qu'en cas de second refus, sans motif légitime, l'autorité de l'État compétente en matière d'éducation est en droit de les mettre en demeure d'inscrire leur enfant dans un établissement d'enseignement scolaire public ou privé dans les conditions et selon les modalités prévues au septième alinéa. Elles sont également avisées des sanctions dont elles peuvent faire l'objet, au terme de la procédure, en application du premier alinéa de l'article 227-17-1 du Code pénal. « Art. 227-17-1. Le fait, par les parents d'un enfant ou toute personne exerçant à son égard l'autorité parentale ou une autorité de fait de façon continue, de ne pas l'inscrire dans un établissement d'enseignement, sans excuse valable, en dépit d'une mise en demeure de l'autorité de l'État compétente en matière d'éducation, est puni de six mois d'emprisonnement et de 7 500 euros d'amende. »

Dispositions relatives à l'instruction en famille dans la loi du 24 août 2021 confortant le respect des principes de la République. Article 49[7]

« L'existence d'une situation propre à l'enfant motivant le projet éducatif, sous réserve que les personnes qui en sont responsables justifient de la capacité de la ou des personnes chargées d'instruire l'enfant à assurer l'instruction en famille dans le respect de l'intérêt supérieur de l'enfant. Dans ce cas, la demande d'autorisation comporte une présentation écrite du projet éducatif, l'engagement d'assurer cette instruction majoritairement en langue française ainsi que les pièces justifiant de la capacité à assurer l'instruction en famille. »

Ces quelques modifications du Code de l'éducation visent à baliser et à mieux contrôler l'instruction au domicile. Celle-ci est accordée pour une durée d'un an renouvelable en cas de problème de santé ou de handicap de l'enfant. Le renforcement des conditions et des contrôles vise à éviter les déscolarisations pour des motifs personnels fallacieux ou liés à un séparatisme culturel et religieux. Désormais l'instruction à domicile ne peut se faire sans l'autorisation délivrée par l'autorité compétente de l'État qui veille aux dérives et aux abus antirépublicains.

Les aménagements de la scolarité

Le CNED

Le cursus scolaire à domicile se doit de rester un ultime recours dans le refus scolaire anxieux. Il est réservé aux manifestations d'angoisse et de phobie sévère qui ne peuvent être apaisées par un traitement et un aménagement scolaire. Allégement, souplesse dans la gestion de l'absentéisme, recours possible à l'infirmerie

---

7. https://www.legifrance.gouv.fr/jorf/article_jo/JORFARTI000043964862

de l'établissement… Si rien de tout cela ne permet un retour progressif dans le milieu scolaire, si l'état clinique ne s'améliore pas, il est nécessaire d'envisager cette mesure radicale qui ne pourra être que transitoire. Autre facteur déterminant dans la décision d'un cursus scolaire en CNED, la capacité de l'enfant à s'adapter à cette forme d'enseignement solitaire qui requiert de l'autonomie, de la discipline dans le rythme de travail, de la persévérance et un certain confort clinique, c'est-à-dire avec une réduction de l'anxiété et de la dépression, souvent associées, qui permet de ne pas trop altérer les capacités cognitives. C'est une décision qui est prise après mûre réflexion avec l'enfant et les parents, et après l'évaluation des aptitudes pour ce cursus exigeant. L'autre condition : ne pas s'isoler chez soi, et encore moins seul dans sa chambre sauf pour y travailler. Si l'angoisse phobique est centrée sur l'école, il est toujours possible d'envisager des activités extérieures, et si possible avec d'autres enfants. S'il est dangereux de se déscolariser, il est encore plus dangereux de se désocialiser. De plus, la sédentarité est contraire au bien-être clinique qui nécessite des activités physiques et créatives dans un contexte de relatif partage avec des personnes.

Le CNED a été créé lors de la Deuxième Guerre mondiale afin d'instaurer un service d'enseignement à distance. Ce qui ne devait être que provisoire s'est avéré utile dans de multiples situations où la présence dans un établissement scolaire était impossible. C'est tout naturellement qu'il a trouvé sa place dans le paysage de l'enseignement, en accord avec le ministre de l'Éducation nationale afin de veiller à la qualité des apprentissages. Grâce à l'évolution des technologies numériques, et plus encore de la pandémie de Covid, l'essor du CNED en a fait un service performant devenu indispensable. Certains élèves et parents apprécient l'enseignement à distance à condition qu'il soit de qualité. Or, il se trouve que selon les enseignants et les établissements, l'offre de téléenseignement lors de la pandémie s'est montrée très disparate. Certains élèves étaient bien suivis avec des devoirs, parfois même plus, voire trop. D'autres étaient perdus, sans travail à réaliser, dans le chaos lié aux dysfonctionnements technologiques et à l'incapacité d'enseignants qui ne parvenaient pas à s'adapter à cette nouvelle donne perturbant leur enseignement. On ne peut le leur reprocher, eux-mêmes étant sous pression dans l'adaptation personnelle et professionnelle sans disponibilité ni moyens suffisants, contrairement au CNED.

La méthode CNED, lorsqu'elle est délibérément choisie, se décline selon trois axes.

« Où je veux : je peux travailler chez moi, à mon poste de travail, etc. Je ne suis plus obligé(e) de me déplacer ou de prendre un logement à proximité de mon lieu de formation. Quand je veux : j'organise mon emploi du temps en fonction de mes activités personnelles et professionnelles. Je ne dépends plus d'horaires fixés à l'avance et difficilement conciliables avec mes contraintes. Comme je veux : j'étudie à mon rythme en fonction de mon niveau et de mes objectifs. Je suis libre de travailler plus particulièrement une séquence ou de passer rapidement sur des notions déjà acquises. »

Cette liberté, entre personnalisation et individualisme, ne correspond pas toujours à un enseignement apporté à l'élève qui est en souffrance et devra reprendre au plus vite un cursus dans un établissement. La liberté de l'élève n'est pas *faire où je veux, quand je veux et comme je veux.* Il se voit offrir un service de qualité mais par dépit car aucune autre solution n'a été trouvée. Cette apparente liberté a un prix tant pour les parents qui doivent se rendre disponibles que pour l'enfant qui travaille dans la solitude. Pas sûr que ce statut soit enviable… rien à voir entre la liberté d'aller et venir quand on va bien, et celle austère, voire autistique, qui n'a pas eu d'autre choix que de fuir l'école.

Un certain nombre de motifs empêchent l'enfant de fréquenter un établissement scolaire, notamment une hospitalisation ou un

Retrouver toutes les informations utiles

soin médical intensif, une situation pathologique ou de handicap reconnu par la Commission des droits et de l'autonomie des personnes handicapées (CDAPH), dépendant de la MDPH. Il peut aussi s'agir, nous l'avons vu, de nécessités liées à des activités sportives ou artistiques de haut niveau ne permettant pas de suivre un cursus classique, mais il faut être extrêmement prudent quant à ce genre de choix pour un enfant dont la priorité doit être de découvrir la vie et les apprentissages avec et parmi les autres. Dans ces situations et d'une façon générale, il est préférable de penser un enseignement ajusté avec une scolarisation partielle en établissement, associé à un cursus CNED. Ce n'est malheureusement pas toujours possible, notamment quand l'enfant se déplace beaucoup, et, pour ce qui nous intéresse, si l'angoisse est trop forte.

Reste la situation préoccupante des élèves en situation de handicap ou de pathologie psychiatrique qui ne peuvent bénéficier d'une inclusion satisfaisante malgré la promesse faite aux parents. Ceux-ci se retrouvent face à une direction d'établissement dépassée et sans moyens, incapable d'assurer la scolarisation d'un enfant en grande difficulté et qui pose des problèmes de comportement. Au mieux, l'élève est scolarisé quelques heures en fonction de la présence d'AESH, personnes difficiles à trouver et à former, souvent mutualisées, ce qui pour des enfants en grande difficulté est inenvisageable. Dans ces situations, la déscolarisation n'est pas le fait des parents mais de l'Éducation nationale. Doit-on lui en faire grief ? Si oui, ce n'est que de faire une promesse impossible à tenir : l'inclusion de tout enfant, quel que soit son problème, dans un milieu scolaire classique. C'est contre-productif pour l'enfant qui est scolarisé en pointillé, souvent stigmatisé et en souffrance. C'est contre-productif pour l'enseignement apporté aux autres enfants.

Il y a d'autres façons de penser l'inclusion sociale, notamment en créant des espaces et des structures pour que la rencontre entre tous les enfants soit possible et profitable : espace de jeu et de théâtre, activités créatives et artistiques, et bien d'autres à inventer en s'en donnant les moyens, certes coûteux mais très profitables, pour le réaliser (coût financier, intervenants spécialisés, bien rémunérés et motivés, formation spécifique à l'inclusion sans stigmatisation...).

L'APADHE

L'accompagnement pédagogique à domicile, à l'hôpital ou à l'école est une initiative bienvenue qui requiert un engagement important de la part des établissements scolaires et des enseignants déjà très mobilisés par les cours, les préparations, le soutien scolaire, les évaluations d'élèves et les évaluations statistiques exigées par l'Éducation nationale. Ces tâches diverses et multiples s'ajoutent à leur mission première : celle d'enseigner. En réalité, ce surcroît de pression et de pénibilité au travail constitue la limite de cette offre attractive pour les enfants malades ou en grande difficulté. C'est pourtant l'un des maillons de l'école inclusive qui doit s'adapter aux situations particulières et permettre l'équité dans l'offre, si ce n'est l'égalité des chances. Celle-ci met en jeu des questions politiques et sociales, et nous avons vu que la structure et les programmes de l'Éducation nationale étaient loin de permettre d'atteindre cette égalité. N'en reste pas moins que le but de l'école inclusive est de parvenir à une vraie équité dans l'offre, quelles que soient les données psychosociales auxquelles l'enfant est soumis.

L'empêchement partiel ou total à suivre un cursus scolaire en établissement incite et oblige à mettre en place ce qui permettra de suivre le programme d'enseignement, mais avec un soutien personnalisé des enseignants et une proximité relationnelle, ce qui n'est pas le cas du CNED qui n'est en mesure d'offrir qu'un cursus à distance. La santé physique, psychique et sociale de l'enfant est au cœur du dispositif Apadhe qui offre un accompagnement scolaire et relationnel ajustable à la situation et aux besoins de l'élève. Il nécessite la mise en place d'un projet d'accueil individualisé,

PAI. Chaque département est tenu de le proposer, et sa validation dépend de l'inspecteur d'académie et directeur académique des services de l'Éducation nationale (Ia-Dasen).

Si tout se déroule dans de bonnes conditions, il n'y aura pas rupture du parcours de scolarité de l'enfant et de ses relations avec ses professeurs et les élèves. À l'horizon, c'est le retour souhaité par tous dans le milieu scolaire qui pourra d'autant mieux se dérouler que le soutien aura été assuré pendant mais aussi après le retour en classe. Ne reste qu'à trouver un enseignant référent qui, même s'il est désigné par le Dasen, doit pouvoir concrètement assurer cette tâche supplémentaire en coordination étroite avec les parents ou le représentant/responsable légal pour un élève de l'aide sociale à l'enfance. La coordination est complexe car elle doit tenir compte de tous les facteurs en jeu, l'état de santé et les contraintes médicales, le niveau scolaire et les difficultés de l'élève, le suivi au domicile ou à l'hôpital, la transmission, les aménagements et les contacts à prendre selon les conditions. L'idéal est que cette tâche de coordination soit assurée par un des professeurs de l'élève, à condition qu'il l'accepte et qu'il puisse assumer cette fonction, certes rémunérée mais au-delà de son temps de service. Ce peut être aussi un enseignant volontaire spécialement dédié à la transmission des cours et de la vie scolaire, aux liens avec les élèves, aux évaluations et au bilan avec l'enfant et ses parents. Cela suppose une technologie et une pratique numériques efficaces, qui évitent d'ajouter des obstacles aux difficultés pédagogiques.

S'il est bien conduit, on mesure à quel point ce dispositif peut devenir le meilleur dans les situations de refus scolaire anxieux évoquées au fil des chapitres. Un dispositif idéal ? Oui, mais à condition que la coordination et l'engagement soient réels de tous les côtés : l'enfant, ses parents ou ses responsables légaux, l'enseignant coordinateur et les autres enseignants de l'élève, la qualité de l'offre numérique, l'empathie et la disponibilité de la direction d'établissement, des professeurs et des autres élèves. En tout état de cause, ce sera toujours mieux qu'un cursus CNED dans la solitude et le silence de sa chambre ou d'une chambre d'hôpital. Cela suppose aussi, comme chaque fois que l'on prend en compte des dispositions particulières, l'apport de moyens supplémentaires et la volonté réelle de l'Éducation nationale d'assurer une inclusion intelligente à l'intérieur ou hors du cursus en présence en établissement scolaire. Les parents, les responsables légaux, les médecins de l'enfant doivent en connaître les modalités et exiger la mise en place d'un Apadhe car il fait partie intégrante du programme d'inclusion de l'Éducation nationale.

Les autres aménagements

Les écoles de la 2ᵉ chance (E2C)

Le réseau E2C s'étend sur toute la France et connaît une croissance importante. Il a accueilli plus de quinze mille jeunes sans qualification et sans emploi en 2021 en leur offrant une possibilité d'intégration socioprofessionnelle. La formation individualisée s'adresse à des jeunes sans diplôme et à ceux dont le diplôme ne permet pas d'obtenir un emploi. Cet accompagnement entre dans le cadre d'un contrat d'engagement jeune (CEJ) dont c'est une étape, une passerelle vers l'avenir professionnel. L'inscription dans une E2C est gratuite. Le jeune y a le statut de stagiaire en formation professionnelle et bénéficie en 2022 d'une rémunération de 500 € environ par mois, financée par la Région selon sa situation. La durée du stage et la pédagogie utilisée sont variables selon les besoins et le projet du jeune qui se dessine à mesure de l'accompagnement. Celui-ci va du *coaching* d'éveil de la motivation au choix de stages, et jusqu'à la recherche d'emploi. Ateliers de formation, stages en alternance, ouverture culturelle et citoyenne, cette offre est en prise directe sur le monde du travail et la société. Ainsi, elle évite les formations vaines, sans débouché. Pour entrer dans une E2C, outre la démarche auprès de la mission locale et le droit au

Retrouver toutes les informations utiles

CEJ, il est possible de remplir soi-même un formulaire de candidature en ligne, et il sera transmis à l'E2C la plus proche du domicile du jeune.

Les microlycées

Autre formule, le microlycée permet un retour progressif à l'école dès 16 ans jusqu'à 25 ans pour des jeunes qui ont interrompu leur scolarité depuis au moins six mois. Cette structure légère à petit effectif et temps de présence ajusté est particulièrement adaptée aux situations d'absentéisme lourd et de décrochage avant d'avoir obtenu un diplôme, notamment le baccalauréat. Cette alternative est idéale dès lors qu'un jeune a la volonté de raccrocher le monde scolaire, et même s'il ne s'en sent pas capable. Il y a toujours une formule individualisée qui pourra lui convenir. Au terme de cette formation, il est à même de passer un baccalauréat au même titre que les élèves intégrés, et pas au rabais. Les modalités des microlycées, leurs filières et leurs orientations pédagogiques sont variables d'un établissement à l'autre. En revanche, les invariants sont la qualité d'accueil, la pédagogie individualisée, l'empathie et la bienveillance. L'effectif est réduit de façon à permettre cette pédagogie alternative. L'accent est mis sur la participation au collectif sans forçage, sachant qu'un certain nombre de ces élèves seront prêts à fuir au moindre obstacle ou critique, par angoisse, opposition ou sentiment d'échec. L'objectif est de replacer le jeune au centre de son parcours et de réveiller ses motivations scolaires et professionnelles.

Sans une relation de confiance, ce parcours engagé et coûteux risque de ne pas aboutir. Chaque élève a donc un référent à l'écoute de ses empêchements mais aussi de ses élans qu'il faut savoir saisir avant que ne se réveille le sentiment d'échec, de nullité, voire de détresse. Il faut garder à l'esprit que celle-ci peut se déguiser en opposition, en fuite ou en provocation. L'enseignement ne doit pas être rébarbatif même s'il suit le programme pour accéder à un diplôme. Les pédagogies intelligentes, telle celle de Célestin Freinet, ont prouvé que l'on apprenait beaucoup mieux quand il y avait du plaisir, du partage, de la participation active à un projet. Sans parler de ces méthodes qui ont fait leurs preuves mais que l'Éducation nationale rechigne à valider et à développer, on peut se réjouir de cette solution de microlycée qui sauve bon nombre de jeunes en décrochage, en échec, dépressifs, dévalorisés au point de se sentir nuls. Il est possible d'intégrer un microlycée dès lors que le décrochage scolaire dure depuis plus de six mois, que le jeune n'a aucune perspective, mais qu'il montre une ébauche de motivation.

Les établissements innovants

Regroupés dans une fédération (FESPI), les établissements scolaires publics innovants sont peu nombreux, une quinzaine, et proposent des pédagogies alternatives. Émanation de la réflexion et de l'expérience de pédagogues inventifs qui, en général, ont exercé sur le terrain, ils sont expérimentaux et destinés à enrichir les pédagogies de l'enseignement classique. Cela suppose des moyens considérables, mais pour des résultats encourageants. Le travail en équipe, la réflexion sur le projet en amont, le bilan en aval, la participation des élèves au projet et aux décisions qui les concernent directement, le partenariat étroit avec les parents, des enseignants motivés et curieux dans une équipe soudée. Bref, c'est tout ce qu'il faut pour réussir à conduire au mieux les jeunes, en difficulté ou pas, vers le monde adulte. Ces établissements sont évalués et passés au peigne fin afin de valider ou non les péda-gogies qu'ils proposent. Si les bonnes recettes des établissements innovants fonctionnent à tous les coups, car elles sont fondées sur la participation active, le plaisir et la curiosité, on peut se demander pourquoi ne pas les développer à l'échelle nationale. Si leur fonctionnement est plus onéreux que celui d'un établissement classique, cela reste à voir, car, tout bien calculé, à moyen et long terme, c'est bien plus rentable pour la société s'il en sort une jeune femme, un jeune homme apte à prendre en main sa vie, à trouver un emploi et à participer intelligemment à la vie citoyenne.

La relation de confiance entre élèves et enseignants, les évaluations qui ne prennent pas la forme d'un jugement, le questionnement de leurs modalités par les élèves et la remise en question des enseignants : tout cela n'empêche pas l'exercice de l'autorité et d'une discipline dans le suivi pédagogique. Le seul regret est que ces expériences ne soient pas plus nombreuses afin de mieux répondre à la problématique de l'inclusion qui concerne de nombreux élèves en difficulté, en souffrance, différents, à haut potentiel, ou atteints de pathologies psychiatriques qui ne sont pas incompatibles avec un parcours de scolarité adaptée. Or, on constate malheureusement l'opposé : certains établissements innovants qui fonctionnent très bien se retrouvent déplacés ou fermés sans concertation avec les professeurs, le personnel, les élèves et les parents pourtant très investis dans ces projets. Il y a de quoi décourager les initiatives et fabriquer des enseignants aigris.

Reste à savoir ce qu'il en est du devenir de ces expériences. Est-ce qu'elles alimentent la formation initiale et continue des enseignants et de quelle façon ? De quelle liberté les enseignants disposent-ils pour appliquer ces méthodes dans les établissements classiques ? Est-ce qu'elles ne sont qu'une façade pour faire taire le reproche de ne pas s'ouvrir aux pédagogies nouvelles et occuper leurs défenseurs ? La fédération de ces établissements innovants agit pour que les établissements classiques bénéficient de ces expériences et deviennent eux-mêmes des lieux d'innovations sur le plan pédagogique et humain. Les témoignages des professeurs, parents et élèves des établissements classiques disent ne pas voir réellement la couleur de ces innovations, excepté dans les micro-lycées qui ne concernent que peu d'élèves ayant déjà décroché du système.

On peut déplorer le fait qu'il n'existe que quinze établissements innovants. Cela signifie que les places sont chères, d'autant plus que l'enseignement y est gratuit, un paradoxe. S'il existe un de ces établissements près du domicile de l'enfant en difficulté, différent, en décrochage ou même sans problématique particulière, c'est une chance à saisir.

Les établissements hors contrat

Les écoles privées sous contrat sont des établissements qui ont signé un contrat avec l'État et l'Éducation nationale car ils respectent les clauses d'agrément. Cela leur permet de bénéficier des subventions du gouvernement qui alimentent leur fonctionnement. Par conséquent, même s'il y a des frais de scolarité inhérents à la structure privée, ceux-ci restent accessibles jusqu'aux classes moyennes. Il est aussi possible de bénéficier d'une aide financière permettant l'accès au plus grand nombre même si, pour certains, le ticket d'entrée reste dissuasif.

En revanche, l'établissement hors contrat est une école qui n'a pas signé de contrat avec l'État, par choix, plus souvent par empêchement à l'initiative et prudence de l'Éducation nationale qui ne peut valider n'importe quel projet et les dérives qui peuvent en découler dans les contenus, la pédagogie, les risques d'endoctrinement religieux ou de perversion sectaire. Ces établissements, s'ils sont animés d'une volonté d'apporter un progrès dans la pédagogie et l'accueil personnalisé des enfants, espèrent le plus souvent une signature d'agrément qui sera gage de reconnaissance et limitera l'élitisme financier de leur accès. En effet, on le comprend bien, ce genre d'enseignement non subventionné est coûteux si leurs concepteurs, c'est souvent le cas, font tout pour que soit délivré une pédagogie de qualité tout en respectant le socle commun de connaissances, et ce pour un petit nombre d'élèves. Je ne parle pas là, bien entendu, des établissements hors contrat d'obédience sectaire ou religieuse dont le but est de rejeter l'enseignement républicain laïque, jugé dévoyé, au profit d'un endoctrinement des enfants.

Retrouver toutes les informations utiles

Pourquoi proposer à un enfant une école hors contrat ? Certains parents font d'emblée le choix d'une telle école, par conviction, par choix d'assurer à leur enfant une approche pédagogique différente, par refus d'un système d'enseignement et d'éducation qu'ils ont mal vécu dans leur enfance, par le bouche à oreille qui vante la réputation d'une école. Le plus souvent, c'est un second choix ou une nécessité pour un enfant en difficulté, en souffrance ou qui pose des problèmes de comportement et d'adaptation aux contraintes des écoles classiques et à la rigidité normative de leur pédagogie et de l'enseignement. Et cela oblige bien souvent à des sacrifices financiers pour assurer à l'enfant le bien-être que les parents mettent au premier plan. Dans les situations décrites, nous avons vu les écueils de l'inclusion qui provoquent souvent une stigmatisation et une violence expulsive dont l'enfant fait les frais jusqu'à en être traumatisé. Une des solutions au refus scolaire anxieux est la possibilité d'inscrire son enfant dans une école accueillante qui accepte la différence, adapte sa pédagogie et cherche à comprendre l'élève. Cette voie est salutaire car elle permet d'aider à la réparation d'une dévalorisation, redonne confiance à l'élève et à ses parents, donc permet de débloquer la situation de déscolarisation, impasse très préjudiciable à l'enfant quant à son avenir psychique et sa réussite sociale.

Être une école hors contrat et vouloir le rester permet de choisir sa pédagogie sans se laisser impressionner par les contrôles du préfet et du recteur d'académie de l'Éducation nationale qui s'assurent avant tout que le directeur de l'école et les enseignants disposent des diplômes nécessaires. Ils veillent aussi à ce que le fonctionnement de l'établissement respecte l'ordre public, la prévention sanitaire, sociale, la protection de l'enfance et de la jeunesse. Ils vérifient sur le plan pédagogique que le socle commun des connaissances et des compétences est respecté, ce qui est important pour ne pas léser l'enfant dans sa progression scolaire et universitaire. Toutefois, l'école hors contrat choisit sa modalité d'enseignement, son rythme, ses programmes afin de les adapter le mieux possible à la progression de l'élève. Donc, à condition de vérifier que l'école hors contrat ne fasse pas l'objet de signalement, il est possible d'y inscrire directement un enfant tout en sachant que son parcours scolaire le ramènera un jour ou l'autre dans une voie classique car, très souvent, ces établissements n'assurent pas une continuité jusqu'au baccalauréat et aux formations universitaires.

Les associations de soutien scolaire

Les nombreuses propositions de soutien scolaire se différencient par leur orientation financière ou bénévole. D'un côté, des organismes assurent l'accompagnement scolaire moyennant paiement selon diverses modalités, ponctuelles ou régulières, de l'autre, les associations à but non lucratif, dont les intervenants sont bénévoles, privilégient l'aide aux enfants en difficulté de tous ordres (étrangers et migrants, élèves en difficulté des milieux défavorisés et, plus généralement, familles qui ne peuvent financer l'aide).

Difficultés dans certaines matières, trouble d'apprentissage léger, décrochage dans la scolarité, impossibilité pour les familles d'assurer le suivi scolaire, l'apport de ces cours particuliers ou en petit groupe est précieux et favorise l'égalité des chances en comblant les lacunes et en redonnant confiance à l'élève. On peut trouver ces associations à partir des centres sociaux et maisons de quartier, mais aussi des associations caritatives et des organisations non gouvernementales (ONG). Elles bénéficient de subventions de la part de la caisse d'allocations familiales (CAF) et des collectivités territoriales à condition d'avoir signé un contrat local d'accompagnement à la scolarité (CLAS).

Le soutien scolaire est plus efficace si l'élève est en présence de l'accompagnant, en général professeur en retraite ou bénévole ayant des compétences, mais l'aide peut aussi se dérouler par le biais des technologies numériques (cours en ligne, soutien en visio), ce qui a fait ses preuves lors de la pandémie de Covid ou l'éloignement géographique. Il arrive que des accompagnants se déplacent au domicile des enfants. Il est important que les bénévoles soient évalués en veillant à ce qu'ils disposent d'une formation suffisante et adéquate. En effet, on ne s'improvise pas accompagnant. Les parents en font l'amère expérience quand eux-mêmes, ayant en partie oublié leur cursus scolaire qui, de plus, a beaucoup évolué, veulent aider leur enfant dans ses devoirs, ou quand ils ont recours à un bénévole en retraite qui n'a pas actualisé ses connaissances ni sa pédagogie.

Ces nombreux dispositifs visent à s'adapter à l'enfant quand celui-ci ne parvient pas à se mouler dans un système scolaire standardisé et intolérant aux déviances de ses normes. Il faut trouver celui qui convient le mieux à un enfant qui patine, qui décroche, qui souffre ou qui présente un refus scolaire anxieux qui s'éternise. Rien de pire que de laisser un enfant se noyer, seul face à des apprentissages qui le dépassent, sans qu'il n'ose le dire car il a honte de ne pas y arriver. Il pense que c'est de son fait et qu'il est nul.

Or, il est établi et confirmé par bon nombre de professeurs, d'enfants et de parents que l'enseignement et la transmission des savoirs de la pédagogie actuelle sont très souvent hors sol. La complexification, l'abstraction des règles de grammaire, par exemple – mais cela concerne tout autant les programmes de mathématiques, d'histoire, de géographie, de physique…, – induisent une perplexité de l'élève comme des parents, déroutés par des concepts aussi abscons que ridiculement précieux. Comment rendre compliqué ce qui peut être simple, voilà à quoi se résument les nouvelles normes de programmes pondues par les éminents pédagogues certifiés de l'Éducation nationale. Certains professeurs en témoignent : « Pourquoi faire simple quand on peut faire compliqué ? En la matière, la palme revient incontestablement au français, dont les programmes exhaustifs et répétitifs prennent un plaisir pervers à embrouiller l'esprit des élèves, de leurs parents… et parfois de leurs professeurs. L'irruption dans les programmes (et donc dans les manuels) d'un jargon réservé jusque-là aux étudiants de haut niveau fait des ravages depuis 1996. Non seulement des termes effroyablement techniques ont fleuri, mais en plus les manuels en utilisent parfois plusieurs pour désigner la même chose[8]. » On peut comprendre que certains parents fassent le choix, sans que leur enfant ait un problème, une difficulté, une différence, de l'instruction en famille. Ils choisissent eux-mêmes quel enseignement proposer, s'inspirant de différentes méthodes pédagogiques : Montessori, Freinet, Steiner. Ils veulent le meilleur pour leur enfant sans pour autant vouloir l'isoler ni en faire un prince, refusent qu'il passe à la moulinette d'une pédagogie élitiste, qu'il subisse une mise en conformité et son pendant, la perte du plaisir d'apprendre. Ils refusent de le soumettre au risque de tout miser sur l'école qui, par ses contraintes, tend à dévorer le temps et l'agrément de la vie. Nous l'avons vu, certains parents ont des motivations d'IEF très contestables, comme de vouloir garder leur enfant pour eux ou ne pas l'exposer à un enseignement qu'ils jugent amoral. Mais d'autres parents font un choix d'éducation et de vie qui vise l'harmonie et fuit l'obsession élitiste, ce qui n'empêche pas la réussite de l'enfant. Celui-ci gagnera même en épanouissement psychoaffectif.

Mais l'IEF et le CNED pour un enfant en difficulté, ayant tendance à s'isoler, doivent être une solution transitoire de dernier recours, avec un objectif à plus ou moins longue échéance d'un retour dans le milieu scolaire, qu'il soit classique, alternatif, hors contrat, qu'importe, dès lors qu'il assure un enseignement personnalisé et de qualité.

---

8. DAVIDENKOFF E., et les professeurs Bruno DESCROIX, Béatrice SALVIAT, Marie-Pierre DEGOIS, Emmanuelle THAUVIN-ROY, Karen GALLOIS, Alain BARBÉ, *Réveille-toi, Jules Ferry, ils sont devenus fous !*, Oh ! Éditions, 2006.

Rencontrer un psy, mode d'emploi

Si les psys ne sont pas la solution à tous les problèmes, ils peuvent être d'une aide précieuse à condition de s'entourer de certaines précautions. La première concerne les pratiques et les théories qui les soutiennent. Autrement dit, qui fait quoi et comment ? Avant de s'afficher « psy », quelles sont les formations et les diplômes du praticien ? Ceux-ci ne sont pas une garantie infaillible de qualité mais ils témoignent d'un parcours de formation dûment validé. La rencontre interpersonnelle qui se noue avec les parents et avec l'enfant est, dans un second temps, un élément crucial du soin. La confiance se construit grâce à l'information sur la pratique et le déroulement du projet de soin complété par l'accord explicite des parents et de l'enfant. Le droit des patients s'applique à tout professionnel qui prétend prendre en charge, aider, soigner un enfant en difficulté et sa famille. Si un code de déontologie strict s'applique aux médecins, les autres praticiens doivent faire preuve d'une éthique irréprochable, d'autant plus qu'ils s'adressent à un enfant, par définition vulnérable et influençable.

Les psychiatres et les pédopsychiatres sont des médecins formés au diagnostic et aux traitements des pathologies psychiatriques, des souffrances et traumatismes psychiques. Leurs actes encadrés sont pris en charge, avancés ou remboursés par la sécurité sociale. Ils ont l'obligation de se former tout au long de leur carrière et doivent en référer à leur conseil de l'ordre. Ceci est nécessaire tant en ce qui concerne l'évolution des traitements que des psychothérapies qu'ils proposent à leurs patients. Les pédopsychiatres sont peu nombreux, submergés de travail et pris dans les contraintes légales de la Haute Autorité de santé et des mesures gouvernementales pas toujours adaptées à la réalité du soin. Ils sont les seuls psys autorisés à prescrire des médicaments dits psychotropes qui peuvent s'avérer utiles face aux difficultés et aux pathologies de l'enfant. Il est important que les parents sachent à qui ils s'adressent. En effet, certains praticiens ont une pratique fondée sur des théories biologiques et génétiques exclusives. Ils refusent les psychothérapies et privilégient la prescription de médicaments qui, s'ils sont utiles en appoint dans le soin, ne sont pas sans risque pour le développement et le métabolisme de l'enfant. D'autres praticiens ne jurent que par la psychanalyse en refusant de prendre en compte certaines données scientifiques à l'origine des troubles d'apprentissage ou de comportement, ou qui y participent. Cette scission des psychiatres est inhérente à leur histoire. Elle cause du tort tant à la profession qu'à la compréhension des troubles et de leurs enjeux multifactoriels souvent intriqués. Le choix du praticien est un droit inaliénable en France. Donc, selon la rencontre et ce qui est proposé, libre aux parents de le refuser et de s'adresser à un autre praticien, ne serait-ce que pour obtenir un deuxième avis. On trouve les pédopsychiatres dans les cabinets d'exercice libéral, dans les centres médicopsychologiques (CMP), les centres médico-psycho-pédagogiques (CMPP), les structures hospitalières (consultation et hospitalisation, maison des adolescents...).

Les psychologues suivent une formation universitaire sur deux axes divergents selon leur choix : la psychopathologie et la neuropsychologie. Là encore, s'adresser à l'un ou l'autre n'est pas anodin. Comme les médecins, ils sont tenus par un code de déontologie à quoi s'ajoute le respect d'une éthique dans le choix de leur pratique. La rencontre d'un psychologue clinicien permet une aide et un soin psychothérapiques car le psychologue n'a pas de formation médicale et n'est pas habilité à prescrire un médicament. Cela ne l'empêche pas d'avoir bénéficié, durant ses études, de formation à toutes les pathologies neuropsychiques. Le souci pour les familles est que les séances auprès du psychologue ne sont pas prises en charge, sauf exceptions : certaines mutuelles et, depuis peu, un plan personnalisé dans le cadre d'une procédure handicap et la nouvelle formule « MonPsy » de soin aux adolescents en difficulté, encadrée par la prescription médicale, l'évaluation et un nombre de séances limité. La majorité des psychologues le refusent car ce cadre très contraignant ne leur paraît pas adapté. Quant aux neuropsychologues, ils sont de plus en plus nombreux. C'est lié à une volonté d'ouverture aux neurosciences. Mais le mal étant l'ennemi du bien, ils deviennent incontournables aux dépens des psychologues cliniciens qui privilégient une approche holistique prenant en compte l'ensemble des données à l'origine d'un trouble (psychosociale, psychoaffective, mais aussi neuropsychique).

Le choix des neuropsychologues est privilégié, voire exclusif, du fait de l'orientation autoritaire et abusive des ministères de la Santé et du Handicap, de la Haute Autorité de santé et de l'Éducation nationale sur le TND, le trouble neurodéveloppemental. Malgré l'absence de données scientifiques validées, l'hégémonie de ce TND couvre l'ensemble des prétendues causes de problèmes d'apprentissage et de comportement de l'enfant en difficulté. Cela conduit à multiplier les tests et bilans dans le but de confirmer ce qui est cherché et relèvera d'un handicap. Si la pression est forte, un certain nombre de parents résistent à juste titre, refusant que leurs enfants soient soumis à diverses rééducations et traitements médicamenteux.[9]

---

9. DELCOURT Th., *La Fabrique des enfants anormaux*, Max Milo, 2021.

Les psychiatres et psychologues sont, du fait de leur formation, aptes à justifier d'un titre et de la pratique de psychothérapeute. Ils ont la légitimité de le demander à l'agence régionale de santé (ARS), ce qui est exigé depuis 2010 afin d'éviter les abus. La réglementation permet de s'y retrouver un tant soit peu dans la constellation des psys et la diversité de leurs orientations allant de la psychanalyse à la méditation, de la relaxation à l'EMDR, toujours à condition d'avoir suivi et validé la formation, donc traçable pour le patient.

Les psycho-praticiens, ni psychiatres ni psychologues, relèvent de formations diverses, d'orientations plutôt éclectiques, de la kinésiologie à la *gestalt*-thérapie, du *mindfullness* à l'hypnose. Ils peuvent s'avérer être de bons thérapeutes mais il est bien difficile de s'y retrouver. Leurs études ne font pas l'objet de contrôles mais d'une validation émise par leurs organismes de formation. Ceux-ci nagent dans une nébuleuse où le pire côtoie le meilleur. La prudence est donc de mise, ce qui dessert les psycho-praticiens sérieux. Il est indispensable de se renseigner sur leur formation, un éventuel signalement sectaire, avec un bouche à oreille sérieux et sans prosélytisme. Ils ne bénéficient pas d'une prise en charge, que ce soit par la sécurité sociale ou les mutuelles. L'aide – car ne parlons pas de soin – est financée par les parents. Attention donc aux promesses miraculeuses même si l'efficacité magique fonctionne toujours dans notre société à prétention scientifique.

L'offre d'accompagnement par un psy est donc large et très diverse. Si j'ose dire, il y en a pour tous les goûts, ou plutôt pour toutes les situations. Toutefois, cela se réduit si on s'attarde aux qualités éthiques du praticien, à son respect du secret professionnel, de l'intégrité et de la dignité du jeune patient, sans exercer d'emprise sur lui et sur ses parents.

Même si l'aide psychologique est entrée dans les mœurs, il reste une peur du psy liée à ce que véhiculent les mythes – *si on va voir un psy, c'est qu'on est fou… les psys, avec leur entonnoir, sont plus fous que leurs patients* –, liée aussi à la réalité historique de la psychiatrie. En effet, les psychiatres ont le droit, et en ont tristement abusé, d'interner les patients. Ils se soumettaient à la pression de l'ordre public et des familles jusqu'à ce que la loi pose un cadre qui, s'il n'est pas parfait, protège la liberté des patients hospitalisés.

Un autre mode de défense face à la perception de l'origine de son mal-être et du risque pour sa santé mentale conduit les patients, particulièrement les adolescents, à fuir cette confrontation au psy, d'où leurs propos fréquents du style : *C'est nul, ça ne sert à rien* ; *Je n'ai rien à dire* ; *Je ne sais pas, je n'ai rien à faire ici.* J'entends très souvent ce genre de propos. Il faut savoir surmonter la réticence, la peur et la résistance avec détermination et patience. La solidarité des parents ayant compris que leur enfant a, au fond de lui, un besoin d'exprimer ce qui lui pèse, est un facteur précieux et indispensable pour réussir une psychothérapie.

Nous avons vu comment le psy, au même titre que les parents et les enseignants, peut faire l'objet d'une manipulation de la part de l'enfant qui veut à tout prix fuir le milieu scolaire et éviter de se confronter à ce qui lui fait peur, à ce qui l'ennuie ou à ce qui lui demande un effort : *Je veux bien voir un psy, mais si je ne retourne pas à l'école.* Il n'est pas rare que la consultation démarre sous ce régime du malentendu. L'enfant pose ses conditions et ne parlera que dans son intérêt immédiat, sauf si le psy le déloge de sa tentative d'instrumentalisation de l'entourage. Il faut de l'habileté pour ne pas braquer le jeune patient qui comprendra progressivement que son intérêt réel ne coïncide pas avec son intérêt immédiat. Ne pas cautionner son évitement et son refus de se rendre à l'école n'empêche pas de le comprendre et de l'aider à trouver la vraie bonne solution pour reprendre le fil de son parcours scolaire.

La collaboration entre enseignants, direction d'établissement, médecin et psychologue scolaires, parents et psys, c'est le seul garant d'une réussite dans le raccrochage selon la bonne formule, celle qui est possible pour l'enfant à ce stade de sa souffrance ou de son opposition. Si tout se passe bien, la première formulation devenue si fréquente, *J'ai une phobie scolaire*, devient par exemple : *J'ai peur que mes parents divorcent*, ou : *On m'a tapé, et j'ai peur*. C'est le début du déroulement de ce qui a conduit l'enfant à fuir le milieu scolaire. De plus en plus souvent, je constate que des enfants préadolescents et des adolescents demandent à consulter ou bien sautent sur l'occasion quand des parents leur proposent : *J'attendais que ça mais est-ce qu'il va me retirer ma peur ?*[10]

Il est évident que, dans ces souffrances parfois très graves, la psychothérapie est une démarche indispensable, demandée explicitement ou implicitement par l'enfant qui vit une situation souvent nouvelle et difficile dans son appréhension de la réalité du monde. Les différentes modalités de psychothérapie, en profondeur pour une situation ancienne, un traumatisme, un abandon ou tout autre bouleversement de l'inconscient de l'enfant, en soutien et en mode d'emploi, l'habilitant face à une situation qu'il se sent incapable d'affronter, ou sur le mode cognitif quand des automatismes phobiques le paralysent... d'autres encore permettent qu'à chaque problème puisse correspondre une psychothérapie spécifique. Il ne faut surtout pas hésiter à quitter un psy dont la psychothérapie n'est pas adaptée ou piétine sans résultat palpable après des mois. Sinon, que de temps perdu !

Reste la prescription médicamenteuse qui fait l'objet de débat et de peur des parents, à juste titre ou non, entre fantasme de transformation de la personnalité de leur enfant et la réalité d'effets néfastes quand la prescription n'est pas adéquate, le médicament n'étant pas adapté à l'âge de l'enfant, à sa situation ou utilisé à posologie abusive. Cela ne veut pas dire qu'il faut diaboliser tous les médicaments. Une forte anxiété, quel que soit l'âge, nécessite d'être apaisée. La prise d'un bon anxiolytique est préférable au

---

10. Delcourt Th., *Je suis ado et j'appelle mon psy*, Max Milo, 2016.

traumatisme induit par l'angoisse. De même, si les troubles du sommeil conduisent à l'épuisement, l'enfant est pris dans une spirale infernale qui l'amène à la dépression. Il faut l'aider à dormir, on utilise alors un anxiolytique ou de la mélatonine. Si un enfant est prisonnier d'une impulsivité qui met en danger les autres et lui-même, il faut parfois avoir recours à un médicament qui l'aide à maîtriser sa violence en agissant sur l'émergence brutale de ses pulsions. La prise d'un neuroleptique à dose légère est préférable à l'exclusion et à la stigmatisation de l'enfant du fait de son comportement. De même, une pathologie dépressive sévère peut émerger dès l'enfance. Elle oblige à prescrire un antidépresseur associé à un anxiolytique afin de soulager l'enfant même si cela ne peut pas le guérir. Ce n'est pas de gaieté de cœur que l'on prescrit un médicament psychotrope à un enfant. C'est un recours toujours utile si une autre approche ne suffit pas à l'apaiser, mais alors il ne faut pas hésiter à le faire car son mal-être peut devenir insupportable et le conduire au suicide. Là encore, il n'y a pas de dogme mais un réalisme pragmatique pour ne pas aggraver les troubles. Si la prescription doit s'étaler sur un temps ajusté au plus court, il est déconseillé d'arrêter brutalement un psychotrope au risque de symptômes de sevrage ou d'une rechute. En effet, autant il y a un décalage temporel entre sa prescription et son action, autant l'arrêt d'un médicament peut se révéler prématuré, avec la recrudescence également décalée des symptômes. Cette décision d'arrêt nécessite une fine évaluation. En résumé, il n'y a pas lieu de prescrire un médicament sans que ce soit accompagné par une psychothérapie intensive qui reste l'approche centrale des soins à l'enfant et à l'adolescent, mais quand elle est justifiée, cette prescription est une aide très précieuse.

BIBLIOGRAPHIE

CALVINO (Italo), *Le baron perché*, Paris, Seuil, 1960 (existe en coll. poche).

DAVIDENKOFF (Emmanuel), *Réveille-toi, Jules Ferry, ils sont devenus fous*, Oh ! Éditions, 2006.

DELCOURT (Thierry), *La Fabrique des enfants anormaux*, Paris, Max Milo, 2021.

DELCOURT (Thierry), *Je suis ado et j'appelle mon psy*, Paris, Max Milo, 2016.

DELCOURT (Thierry), *Quand la crise devient une chance*, Eyrolles, 2018.

DUBET (F.), DURU-BELLAT (M.), *L'école peut-elle sauver la démocratie ?*, Seuil, 2020.

ELIACHEFF (Caroline), MASSON (Céline), *La Fabrique de l'enfant-transgenre*, Éditions de l'Observatoire, 2022.

FONTANIEU (Jérémie), *L'École de la réconciliation*, Les liens qui libèrent, 2022.

FROCHAUX (Claude), *Aujourd'hui, je ne vais pas à l'école*, Lausanne, L'Âge d'Homme, 1982.

HUERRE (Patrice), sous la dir., *L'Absentéisme scolaire*, Paris, Hachette, 2006.

HUERRE (Patrice), *Adolescentes - Les nouvelles rebelles*, Paris, Bayard, 2013.

Landman (Patrick), *Tous hyperactifs ?*, Paris, Albin Michel, 2015.

Melman (Charles), Lebrun (Jean-Pierre), *La Dysphorie de genre*, Toulouse, Eres, 2022.

Meirieu (Philippe), *Apprendre… oui, mais comment*, ESF, 1992 (9e édition).

Meirieu (Philippe), *La Riposte*, Paris, Autrement, 2018.

Pellissier (Jérôme), *La Fabrique des surdoués*, Paris, Dunod, 2021.

Pennac (Daniel), *Chagrin d'école*, Paris, Gallimard, 2007.

Sciara (Louis), *Banlieues*, Eres, 2011.

Stora (Michaël), Ulpat (Anne), *Hyperconnexion*, Paris, Larousse, 2017.

Valet (Gilles-Marie), Lanchon (Anne), *Moi, j'aime pas l'école*, Paris, Albin Michel, 2005.

Viaud (Marie-Laure), *Une école différente pour mon enfant ?*, Nathan, 2008.

Zerrouki (Rachid), *Les Décrochés*, Paris, Robert Laffont, 2022.

Zerrouki (Rachid), *Les Incasables*, Paris, Robert Laffont, 2020.

Sigles et acronymes

AESH : accompagnant des élèves en situation de handicap, présence auprès de l'élève.

APADHE : accompagnement pédagogique à domicile, à l'hôpital ou à l'école.

AVS : auxiliaire de vie scolaire, aide à l'intégration des handicapés, devenue AESH.

CNED : Centre national d'enseignement à distance, émanation de l'Éducation nationale.

DYS : dysfonctionnement d'origine multifactorielle qui peut toucher diverses fonctions, langage, écriture, calcul, sensorimotrice, avec des conséquences sur les apprentissages.

ITEP : Institut thérapeutique, éducatif et pédagogique, un établissement médico-social.

MDPH : Maison départementale des personnes handicapées, centralise les demandes.

RASED : réseau d'aides spécialisées aux élèves en difficulté, pour contrer l'échec scolaire en maternelle et primaire.

SAPAD : service d'assistance pédagogique à domicile, remplacé par l'Apadhe.

SEGPA : section d'enseignement général et professionnel adapté, pour des élèves qui présentent des difficultés scolaires importantes, résistant aux mesures d'aide et soutien.

SESSAD : service d'éducation spéciale et de soins à domicile.

TND : trouble du neurodéveloppement, lié à des lésions structurelles ou fonctionnelles précoces du cerveau, avec des conséquences d'altérations cognitives et sensorimotrices.

TOP : trouble oppositionnel avec provocation (DSM5) – enfant irritable et colérique !

TSA : trouble du spectre de l'autisme, remplace les TED dans la classification DSM5.

ULIS : unités localisées pour l'inclusion scolaire, dispositif de scolarisation inclusive des élèves en situation de handicap, associé à un temps de scolarisation classique.

TDAH : trouble du déficit de l'attention avec ou sans hyperactivité (classement DSM).

www.ingramcontent.com/pod-product-compliance
Lightning Source LLC
LaVergne TN
LVHW051156060726
842526LV00014B/3228